U0153024

敗中求勝

西洋棋特級大師的人生逆思考

Move by Move

Life Lessons on and off the Chessboard

莫里斯．艾胥利
Maurice Ashley

盧思綸──譯

謹以本書獻給逝去的祖母厄瑪・寇馬克（Irma Cormack）及我的父親厄爾・寇馬克（Earl Cormack）。但願你們無論身處何處都能以我為榮。我永遠懷念你們，你們永存我心。

目次

前言——開局

學會像西洋棋士一樣思考，就能改變人生。

自從十四歲那年一頭栽進西洋棋的世界後，四十多年來，我不斷鑽研棋術，包括下棋、教棋和評棋。這段話完全沒有誇大之處，世界各地六億的棋士，不分職業或業餘，都會認同西洋棋所蘊含的智慧。

現在不少國家將西洋棋列入課綱，因為教育人士深諳下棋的好處；它不僅有利於提高策略分析和抽象推論的能力，同時可以培養專注力、毅力、耐心和決心，就連記憶力和創造力也會有所提升。更重要的是，你能學會覺察自我和欣賞別人的優點。

早在一九六六年，聯合國便正式將每年七月二十日訂為「世界西洋棋日」（World Chess Day），以彰顯西洋棋「公平、兼容和互重」的精神，並強調它是「歷史最悠久的鬥智文化與棋盤競技遊戲，既有科學、也有藝術的一面」。

今時今日，西洋棋的應用無所不在，包括戰爭、金融市場、運動、藝術、科學、音樂、個人發展甚至是談戀愛，任何領域都能窺見它的智慧。Netflix影集《后翼棄兵》突如其來地爆紅，更加說明了，棋盤中難以言喻的奧妙，會令每個人都著迷。

西洋棋並非學生社團的專利，許多演員、音樂人、藝術家、政治領袖乃至商界巨擘都很熱愛這項腦力運動。它能讓我們的思考更上一層樓，還可以強化運動選手的心理素質，進而更加沉著地面對比賽。

屹立不搖的智力遊戲

入選過五次NBA最佳陣容的唐西奇（Luka Dončić）表示，多年來下棋的歷練，讓他有能力在球場上看穿對手的一舉一動。西班牙網壇「小蠻牛」、兩座大滿貫冠軍得主艾卡拉茲（Carlos Alcaraz）說，他總是能洞燭先機，領先對手一步。體育記者阿迪寇特（Adam Addicott）在〈艾卡拉茲如何用下棋來備賽〉（Carlos Alcaraz On How Playing Chess Helps Him Prepare For Matches）中引了小蠻牛本人的說法：

> 在長年的對弈訓練下，我的心智更加敏捷了，所以都能快一步觀察到比賽的節奏，包括對手的移動方式和打法。在球場上，只要稍稍失神就很容易被打亂節奏。

英國有史以來最成功的拳擊手亞當斯（Nicola Adams）在二〇一九年以無敗績的紀錄風光退休，並拿下世界拳擊組織蠅量級拳后的頭銜。她將生涯輝煌紀錄歸功於下棋培養的制勝思路。記者拉姆斯丹（Tracy Ramsden）在〈女性拳擊手不打口水戰，只專注於比賽〉（Nicola Adams: 'Women boxers focus on the win not the trash talk）一文中引用了拳后的自白：

> 打拳就像下西洋棋。你得設法引誘對手犯錯，再用他的失誤打倒他。很多人以為，拳手一站上擂台就只管殺紅了眼，實際上真正的關鍵戰略在於避免被一拳擊倒。

儘管當今市面上充斥著五花八門的遊戲和娛樂，西洋棋依然蓬勃發展，年復一年迎來懷抱熱情的新血加入。面臨數位洪流，西洋棋屹立不倒，反而受惠於其便利性與單純性，再掀起一波復興潮。

全球新冠疫情蔓延之際，西洋棋的人氣更是水漲船高；大部分人因為防疫規定，只能被迫留在家中找樂子，嘗試發掘有意思的趣味活動來保持心智的敏銳。截至二〇二〇年底，線上西洋棋的會員人數連翻三倍，相中市場潛力的主辦單位也迅速推出獎金高達百萬美元的線上西洋棋巡迴賽。

近來，西洋棋的熱潮更加高漲，彷彿野火般燒向全美各地的學校教室。就連《華盛頓郵報》也在標題寫下：「好驚奇！全國各地學生著迷於西洋棋的魅力，老師們訝異又摸不著頭緒」。

縱使世界各地遍布了大批的棋士和棋迷，西洋棋的重要性依舊遭到貶低甚至質疑，這派人士的代表者便是二十世紀最傑出的數學家馮紐曼。他認為，每回合的對弈局面都必然有一個最佳走法，所以西洋棋無法反映出混亂、無可預測的真實人生，它不過是一種智力遊戲而已。

職業撲克玩家杜克（Annie Duke）的評論也大同小異：「棋士總是企圖在未知的世界尋找規律和規則，這點和撲克玩家截然不同。」就連爭議滿點的科技鉅子馬斯克也曾在社群平台X發文提到，他小時候學過西洋棋，不過後來發現「它簡單到無法應用在現實生活中」。他大概是我這輩子知道唯一一個認為西洋棋太簡單的人！

終身的學習工具

接下來，我將會為讀者說明，為何絕大多數關於西洋棋的負面評價不是迷思就是大錯特錯。西洋棋確實不是用來類比人生的最佳遊戲

（話說回來，又有什麼益智遊戲能完美詮釋人生呢），可是它的吸引力超越年齡、語言、背景、性別、階級和身體能力。由此可知，西洋棋和人類的思維模式極為相關。

誠如德國傳奇棋士塔拉什（Siegbert Tarrasch）所言，西洋棋歷久不衰，存在超過一千五百多年，是因為它「無異於愛、無異於音樂，能讓人類感到快樂」。西洋棋的戰術錯綜複雜，往往讓初學者退避三舍，但實際上，數百年來，無數的孩童在幼年便開始學下棋。西洋棋猶如語言，越早接觸越容易掌握，不管處於任何年齡都能有所成就和收穫。

十四歲那年，我這輩子第一次愛上西洋棋，當時我還在就讀布魯克林職業高校（Brooklyn Technical High School）二年級。某次在對弈中痛宰對手後，我在學校圖書館發現一本西洋棋書籍，從此以後我不斷鑽研這項技藝，熱情一直延續到此時此刻。從紐約到底特律、從牙買加的京斯頓到坦尚尼亞的尚吉巴，我和世界各地的人談論下棋帶給我的人生啟示，也和亞馬遜、谷歌和繽趣（Pinterest）等等企業分享西洋棋和商業活動的交集。

西洋棋從根本改變了我的人生，「棋」中亙古不變的真理引領我走過生命中許多難以想像的高潮和低谷。

西洋棋不只能「讓人開心」，我也見證了它翻轉教育和改變監獄風氣的力量。像個西洋棋士一樣思考，你就能變成解決問題的專家、出色的決策者，甚至是運籌帷幄的戰略家。

在放手一搏前，你會更懂得如何思考、相信直覺。你還能學會在擘畫未來的同時扎根當下；你既能專注於自我的發展、也能用他人的雙眼欣賞世界。西洋棋是讓人終生樂在其中的遊戲，也是改變生命的學問。

本書集結了我多年來的心得。西洋棋生涯賦予我人生智慧以及難以忘懷的啟發，讓我懂得整頓混雜的局面、評估棄子認輸的可能性、採取冒險的走法以及避免陣形中出現漏洞等。因此我更能解決困境，並接納有無限未知因素的人生賽局。

除此之外，我將會教你如何建立贏家心態、同時不被成功蒙蔽雙眼，並了解謀略的精髓還有「失敗為成功之母」的意義。最重要的是，要征服山嶺之巔，第一件事是得攻克自我的高牆。

衷心期盼我的經驗談也能為你的人生帶來改變。

第 1 章

莫忘初衷

不是老了所以玩不動，是不玩了才變老。

——愛爾蘭作家蕭伯納

如果人人都能用兒童的雙眼欣賞世界，一定會察覺萬事萬物的魔法。

——倫敦兒少基金會（London Early Foundation）

西洋棋是具有無窮奧妙的競技遊戲。在頂尖棋士的巧手技藝下，黑白兩棋以幾何步伐在棋盤共舞、相互較勁，媲美太陽系行星運行的軌道。有別於西洋棋一般給人凌亂複雜的印象，在技藝精湛的棋手眼裡，每局對弈都是一幅絕美的織錦——相續的格點、交錯的網線、對應的方格、游移的圓形棋座還有若隱若現的三角形。

棋盤上的數理現象隱身在表象之下，而神童之所以脫穎而出，正是因為他們年紀輕輕便能看出當中的規律，而同齡人乃至成年人得花好多年才能夠掌握。這些陣型、次序和關聯，構成了最經典的對弈策略和原則，而一位又一位的大師藉此創造出歷久不衰的輝煌戰績。

西洋棋的魅力無窮無盡，只是棋藝越是高超，反而越難保持對棋局的痴迷。初出茅廬的新手會對精彩的將殺瞠目結舌，但對於見過相同走法無數次的老手來說，只會覺得平淡無奇。

我常在同行身上見到這種心路歷程：懂得太多，令他們嘖嘖稱奇的棋局就會變少，熱情比在新人時期更為寡淡。這酷似一道詛咒，在成為高手的路上，棋局會變得平淡無奇又不出所料。接下來，勝負會凌駕於學習的樂趣，但隨著驚喜越來越少，熱情也會漸漸消退。

保持初學者心態

一九九七年十一月早秋，在第一次接觸西洋棋快二十年後，我對自己寫下這段話：

> 我今天重新見識到騎士的能耐，我以前居然不知道它有如此大的本事！
>
> 這要從昨天說起，我發現單單一支騎士竟然能頂住兩支相鄰的

通路兵，太震撼了。然後今天我又研究了騎士如何輕易被對方的國王和騎士困住。

棋盤上有無數個如此簡單的奧秘，一想到此，我不由得驚嘆不已。也不禁反省，過去十七年時間，我到底在下什麼棋？

時隔多年讀到這段文字，一股妒忌油然而生。在我追求特級大師的過程中，初生之犢的勇氣讓我有了突飛猛進的成長。我依稀記得當時的心境。我以初學者的眼光看待一切，而棋盤總能激發我內心的嘖嘖稱奇之情；心智的束縛被解開了，準備好要迎接更深一層的覺察。在積年累月的棋士生涯中，我個人最精采的對弈大多出現在這個時期，我想絕非巧合。

頂尖棋士會不斷尋找培養初學者心態的方法。坊間傳聞，第八屆西洋棋世界冠軍米哈伊爾．塔爾（Mikhail Tal）曾到新手教室聽課，只為了發掘新穎的西洋棋原則。試想一下那個畫面：天賦異稟的大師和一群菜鳥排排坐，從最基礎的棋子走法開始學起。這無異於NBA史上最佳射手史蒂芬．柯瑞到鄉下的高中校隊學習正確的投籃方式。

塔爾返璞歸真的訣竅在於回到基礎尋求啟發。他一次又一次去研究棋盤，每次的心態都像初學者一樣，歷久彌新。

半杯水的啟示

許多強者都會設法保持新手心態，當中最出名的例子莫過於高爾夫球傳奇老虎伍茲。在某一年的巡迴賽中，他創下了最多勝場的紀錄，但於此巔峰狀態下，他毅然決然砍掉重練——重新調整揮桿動作。儘管伍茲的揮桿姿勢在許多人眼裡已經是教科書等級的了，但身為完美主義者的他仍舊發現一些小瑕疵，那不是任何微調或折衷辦法能解決的，於是他決定對自己的揮桿動作進行大改造；在逐一拆解後，用截然不同的方法取而代之。

這樣激進的舉動就像功力深厚的小提琴家決定換一隻手拉琴。「高手往往是在無意識中自然發揮，展現一流水準的技藝，」知名的運動心理學家羅特拉（Bob Rotella）提到：「可是如果想要有所改變，那就要回到初學者的狀態。」伍茲冒著被當傻子的風險，只為了讓球技更上一層樓，他的成功充分證明了，只要長久保持靈活和開放的心胸，便能斬獲不可思議的成果。

在空杯寓言中，禪宗大師一舉道出放開心胸的重要性。一位秀才前去找禪師求道，一開始他志得意滿地炫耀自己的博學多聞，過了幾分鐘後，禪師準備倒杯茶給秀才，但不停地斟、直到茶溢了出來。

秀才惱怒地質問禪師：「為什麼把茶倒得都流滿桌面？」

禪師回答：「施主的心有如茶杯，滿得再也裝不下任何東西，而唯有放下成見才能吸納新道理和觀點。」

初學者心態即是赤子天性。對小孩子來說，偌大世界無異於巨大謎團。我女兒還在蹣跚學步的年紀時，經常抱著一棵大樹，彷彿它是久別重逢的老朋友。我兒子還在迷湯瑪士小火車時，會興奮地指著雨後晴空下的彩虹說：「火車！」不光如此，他平常看到飛機、昆蟲、小貓、小狗甚至花園水管都會有別出心裁的反應。

凡事都是奇蹟

這令我想到《聖經》中的一段話：「凡變回小孩才能進入天國。」

看見嬰兒和媽媽因玩躲貓貓而尖叫笑開懷，不禁令人懷疑，即使在天堂，我們也難以享有如赤子般的純然幸福。

諸如智慧型手機、平面電視、網際網路、電動汽車、無人機等現代生活器具，對四十多年前的人來說根本是在科幻小說中才會出現的。這些器材只是冰山的一角。現代人身邊充斥著各式各樣的奇蹟，但正因為它們無所不在，反而被視為理所當然。世紀天才愛因斯坦說過：「生活的方式有兩種，一種是相信凡事沒有奇蹟，一種是把所有事都當作奇蹟。」

讓自己像孩子一樣學習，就得先承認，我們成年人常常忘記萬事萬物的奇妙之處。但也不要太苛責自己。誠如心理治療師韋恩．戴爾（Wayne Dyer）所言：

重拾童心不代表放棄成為大人。一個充分發展的個體有能力同時做大人和小孩。重拾赤子之心，再次體會那種興奮得睜大雙眼、不由自主欣賞一切的感覺。放飛自我，盡情對大千世界表現敬畏和驚嘆。

重新召喚新奇感的有效方法之一，是退一步檢視已成為慣例的事情。

比方說，偶爾我會花一點時間完全不碰西洋棋。重啟練習後，我會發覺黑白棋看起很陌生，就像奇特的小玩具。這時一股興奮感油然升起，彷彿我即將邂逅充滿魅力的陌生人。

這盤棋歡迎我的歸來，上面閃耀著奧妙的光芒，令我驚艷不已。接下來，我會和棋友分享我的最新發現、一起大笑，然後繼續埋頭推敲，這項眾人熱愛的古老遊戲還有哪些無窮奧秘。

大師不藏的奇招

偶爾我會花一點時間完全不碰西洋棋。重啟練習後，我會發覺黑白棋看起很陌生，就像奇特的小玩具。

第2章

世事如棋，千變萬化

如果棋盤上只有一個理想落點，厲害的棋手一定會發現。問題是，一旦理想的落點很多，那就麻煩了。

——亞美尼亞西洋棋特級大師阿羅尼揚（Levon Aronian）

我從西洋棋學到最有用的道理是：在有限的時間內、依據不完全的資訊做出好的決定。

——挪威西洋棋特級大師、前西洋棋世界冠軍卡爾森（Magnus Carlsen）

說自己懂西洋棋的，什麼也不懂。

——德國西洋棋特級大師胡伯納（Robert Hübner）

二十世紀的天才數學家馮紐曼認為，棋戰所需的戰術百分之百都在棋盤上，所以每一個位置都具備一個理想走法。他假設，若雙方都是高手，那每次對戰的走法就會了然於心。理論上，只要設計一套複雜的演算法，電腦就能推算出一組完美無缺的對弈方法。幸好，馮紐曼是錯的。

原因很簡單。在不計其數的局面中，不止一步棋會在相同時間產生一模一樣的結果。舉個淺顯的例子，一方可能有兩種以上的走法能完成將殺，而且兩種走法都一樣有利。對於同一個高複雜度的局面，哪怕是用電腦來計算，也常出現兩個以上利弊相同的走法。由此可知，西洋棋千變萬化，沒有絕對而單一的策略。

棋士不是萬能的計算機

西洋棋究竟多麼複雜？保證令你歎為觀止。從兩方棋手各走第一步棋開始，棋盤上頓時產生四百種可能局面；兩步後是七萬兩千八十四種局面；三步後有九百多萬種；四步後則多達兩千八百八十多億種。美國數學家夏農（Claude Shannon）估計，西洋棋的競賽樹可展開到十的一百二十次方，這個數字超過宇宙中可觀測的原子數量！

這也解開了一般人對西洋棋士常有的古怪迷思——特級大師會在每個局面中提前計算五步、十步甚至二十步。不少業餘棋手往往望洋興嘆，說自己無法像職業棋手那樣算得那麼遠。

事實上，西洋棋的複雜度如天文數字一樣，要精確預測棋局的走向，有如預測下週二起三週後的天氣狀況。但是可能出現的變化實在多不勝數，就連聰明絕頂的棋手也無法精準預測。

頂尖棋手確實能預測棋盤上的各種可能性，但是這並非決定他們高低優劣的技能。在一九四〇到六〇年代，荷蘭心理學家兼西洋棋大師德葛魯特（Adriaan de Groot）針對高手的認知過程進行一系列的開創性實驗。其中一項最重要結論是，在任何已知局面下，技高一籌的強手會著眼少數真正有價值的選項。

而強手之所以能去蕪存菁是經過不斷的學習和累積經驗，他們清楚哪些走法顯然不值得浪費時間、哪些走法值得仔細推敲。頂尖棋手無異於各領域的偉大思想家，更加依賴理解和直覺，而非死記硬背和千算萬算。他們就像信手捻來的爵士樂手，演奏前未必推敲過每一個音符，而是出於本能地察覺到，哪些音符相互交織會產生美妙和諧的樂曲。

想像力只是基本功

然而，這並不代表預先推敲競賽樹在西洋棋中不重要。要想下好棋，有效和即時的計算能力是成功的先決條件。我學會西洋棋幾年後，就發現自己可以一邊看著棋譜，一邊在腦海中描摹整個局面。

我把這件事告訴我最好的朋友曼羅（Vincent Munro）。他決定實驗一下。他背對我，並照著書中某一頁的棋譜移動棋子，每走一步他會喊聲。走了十步以後，我告訴他各個棋子的位置，結果我精準命中了！

接下來，我和曼羅便到布魯克林展望公園（Prospect Park）小試身手，靠著這個小把戲贏了二十美元。

許多年後，我成為了特級大師，那時我的功力更強了；我可以戴著眼罩同時下十盤棋，而且全部獲勝。我也蠻驚訝地發現，許多棋手都認為下蒙眼棋很難。在那段時間的表演賽中，蒙眼棋士的最高紀錄連下是四十八局。然而，事實證明，許多蒙眼棋士都不是頂尖的大師；驚人的想像力和記憶力只是邁向巔峰的關鍵之一。要想旗開得勝，主要還是得靠深刻的理解力和敏銳的直覺，以及其他內在的特質，像是決心、韌性、心理和精神耐力、抗壓性、創造力和紀律。這些都比死記硬背發揮更關鍵的作用。

在殊死拚搏的西洋棋大賽中，最優秀的棋手的臨場反應都很快；當事前準備的絕招失效時，就必須趕快生出其他妙計來突破重圍。

隨機應變

挪威棋手卡爾森便具備了這些特質。他在二〇一三年拿下世界西洋棋錦標賽的冠軍，當時還不到二十三歲。卡爾森曾被譽為「棋壇莫札特」，他和許多棋士一樣，擁有超強記憶力和優異的計算能力。可是，真正讓卡爾森脫穎而出的是高昂的鬥志和深刻的洞察力。印度前世界冠軍維斯瓦納坦．阿南德（Viswanathan Anand）兩度在世錦賽敗給卡爾森，大讚他擁有一個特點——超乎尋常的靈活思考力：

不管你把他丟到什麼樣的棋局，他的反應都非常迅速，如果賽前擬定的策略行不通，他會馬上想別的辦法。

不管在西洋棋和生活領域中，隨機應變是最難培養的特質。比如說，不少雜耍藝人能用腳背觸碰頭部，而最優秀的表演者還能應觀眾要求，身體輕鬆地朝任何方向扭轉。

這是普通人所缺乏的特質。在慣性的外衣下，我們習慣東西「壞了還能用就不用修」，於是選擇一條路走到底，只有大禍臨頭才會調轉方向。至於懶惰和自滿，更是慣性的近親。

缺乏應變能力會帶來很多麻煩，因為我們都深信自己的想法，就像相信導航系統會把我們帶到正確目的地。可是，就連這種高科技的器材偶爾也會出槌導致意外。

二〇一一年紐澤西州，某個大霧瀰漫的週六清晨，男人開車載妻子和兩個孩子經過南布倫瑞克市（South Brunswick），來到一個T字路口。眼前只有向左和向右兩個選擇，他卻無視停車標誌、選擇按照GPS指示直行，開上人行道繼續行駛一百公尺後撞上一棟房屋。

這種全然信賴導航的心態經常發生在對弈中，即使是頂尖的特級大師也會因此毀掉漂亮的局面。

大意失荊州

一九五六年，在阿姆斯特丹的一場比賽上，後來的世界冠軍彼得羅相（Tigran Petrosian）一路將頭號勁敵布龍斯坦（David Bronstein）壓著打。當時布龍斯坦無路可走又無計可施，只能來回移動一支孤伶伶的騎士。此時，彼得羅相從容起身，在比賽大廳裡信步而行，接著回到棋盤前，並迅速走了一步棋。說時遲那時快，布龍斯坦用那支看似漫無目的的騎士吃掉他的皇后，殺得彼得羅相措手不及。他一直對這盤棋自信滿滿，絲毫沒料到可能會出什麼大錯。

驕兵必敗是世上每一位棋手都經歷過的慘痛教訓。事情一帆風順的時候反而危機四伏，因為我們在此時最容易失去專注力。戰局處於上風時，棋士常會忽略西洋棋有多麼複雜，甚至以為自己有能力綜觀全局、化險為夷。

生活其他領域也是如此：球隊被逆轉勝、外科醫師在手術台上犯錯、投資客慘賠畢生積蓄。一輪對弈落幕後，若你站在會場外大廳，一定不時會聽到這樣的抱怨：「我原本是贏的！」唯有時時提醒自己當下局面的不確定性和複雜性，才不會一次又一次地重蹈覆轍。

至於怎樣才能掌握錯綜複雜的局面？讀到這裡，你大概也心裡有數了——你做不到。你可以做的是培養正確的心態，靈活應對複雜的情況，並將變化視為本質而非缺陷。時時保持專注和警惕，在混亂的表象中摸索其潛在模式。此外，也不要執著於確定性和最佳單一解，察覺一些看似有說服力的選項，然後選擇最適合自己風格和性格的方案。

記住，最重要的是保持謙虛。你不一定要擁有淵博的知識，但最好保持開放心態去面對宇宙的無限可能與複雜性。

大師不藏的奇招

優秀棋手的臨場反應都很快；當事前準備的絕招失效時，就必須趕快生出其他妙計來突破重圍。

第3章

學無止境

學習的真諦在於對一輩子熟悉的事突然產生全新領悟。

——英國作家多麗絲．萊辛（Doris Lessing）

活得彷彿明天就要死去，學習時要以為自己會長生不老。

——不詳

在你以為自己懂了以後才學會的東西最有價值。

——美國籃球教練約翰．伍登（John Wooden）

一九九五年，和西洋棋名將朱迪．皮爾加（Judit Polgár）的談話徹底改變了我的學習方法。當時年僅十九歲的朱迪是「皮爾加三姐妹」的老么，也是世界十大棋手之一。朱迪打從娘胎就開始接受專精的西洋棋訓練，十五歲零四個月時就一戰成名，打破美國傳奇棋手鮑比．費雪（Bobby Fischer）高懸三十三年的紀錄，成為有史以來最年輕的特級大師。

朱迪擊退許多棋藝精湛的特級大師，可是只要對上俄國棋手卡斯帕洛夫（Garry Kasparov）、克拉姆尼克（Vladimir Kramnik）和印度棋手阿南德，朱迪始終屈居下風。而我作為朱迪的朋友兼粉絲，殷切期盼見證她更上一層樓，和頂尖高手一較高下。

某次和朱迪相約在紐約一家餐廳吃午餐，我忍不住開口問：「妳要怎麼做才能更上一層樓，進而打敗這些頂尖棋士？」她停頓了片刻回答：「我先澄清，應該是好幾層樓。」

當下聽見回覆以後，我驚嘆不已。

當時我已經是國際棋壇的佼佼者，立志有朝一日成為真正的世界棋手。我在所有棋手中排名前百分之九十九點七四，位列全球前五百名棋手的行列，但是距離真正的菁英還有很大一段差距。我不斷鑽研書籍，和教練一起分析棋譜，飛往世界各地參加比賽，努力提升自己的水準，以對戰高手中的高手。

現在，這位世界排名前十的棋手告訴我，她之所以無法打敗世界冠軍和其他勁敵，是因為事實上彼此相差了不止一個層次。

這番話令我大為錯愕，所以無法專心聽她解釋有哪些進步的空間，包括開局準備、中局理解、殘局研究和實戰時的洞察力。那一刻，我瞬間領悟她與頂尖大師的差距有多遠，而我和她之間的鴻溝更是大到難以想像。她彷彿能一眼望見千位之外的圓周率，而我只看見了三點一四。

初學者的歷程

經過那次簡短交流，我體會到古希臘哲人蘇格拉底的一句老話：「我知道的越多，越發現自己什麼也不知道。」換言之，學習沒有止境、而理解的層次無邊無際。時至今日，身為特級大師的我仍然只理解西洋棋全部知識的冰山一角。這麼說應該會令許多人感到困惑，但世界上沒有人能理解西洋棋知識的九牛一毛，縱使世界冠軍也不例外。所謂的特級大師，也就是高級的初學者而已。

為了更深刻理解這一點，我們必須研究一下西洋棋的學習過程。

棋手最先學習的是棋子的移動方式和基本的攻防，比如威脅、吃子、防禦、將軍和將殺。首先你得提醒自己，不要無緣無故地丟子，因為兵多將寡總是有好處。之後你會學到，掌握棋盤中心就能得到機動性和空間來限制和支配對手。你必須經歷慘痛的教訓，才懂得要儘早讓「王車易位」，以免國王卡在中間淪為攻擊目標。再來，你將學到不要過早出動皇后，以免引來對手價值較低的棋子發動攻勢。

除了基本的攻防走法，你也會在實戰中漸漸學到數百種將殺模式和基本殘局。這些標準的西洋棋知識已經積累數世紀，必須經年累月才能悉數掌握。

可是，在學習的過程中，很快就會遇到撞牆期，並發現一些基本原則是互相牴觸的。雖然這些原則有各自的邏輯，並且經過無數名家的淬煉和檢驗，但總有互相排斥的時候。

有時候把國王留在棋盤中央有利於爭取進攻時間；有時花時間把皇后帶出來反而能拿下對方寶貴的棋子；偶爾前線損失小兵方能開啟關鍵棋路，讓車一舉挺進敵人領地。

正因如此，西洋棋大師必須是敏銳的判斷者，任何時候都能在爭相出頭的原則中找到平衡點，並且能夠判斷何時是例外情況，接著找出應變的策略。而要掌握時機就必須不拘泥於已學到的知識。

此外，你還得學會用另一雙眼睛觀察棋局，而這通常發生在輸棋之後的檢討時間。復盤時，你才會察覺到自己下棋時只是機械式地遵循先前學到的原則，彷彿它們是無可挑戰的規定。

不斷更新大腦

知識的流動性放諸所有領域皆準。數世紀以來，大眾都認為地球是平的，直到麥哲倫環遊地球才打破這既定的看法。數百年來，牛頓的萬有引力定律也被奉為圭臬，直到愛因斯坦的廣義相對論出現，並動搖它的根基。冥王星本來是被歸為太陽系的行星，但在二〇〇六年，就被國際天文學聯合會降級為矮行星。之後十幾年來，許多科學家也在重新檢視行星的意義。

無數的「事實」都會在最意想不到的時機過期。在學習的過程中，不斷汰舊換新才是最強大的技能。

保持彈性和隨機應變的學習力，我們才能持續成長。持續吸收、運用新資訊，再透過回饋去修正，就能開啟嶄新的思路。對於原有的知識，只要找到重新詮釋的角度，就能融入新知識當中。

在通往更高層次的啟蒙道路上，持續匍匐前進，無止境地重整你的腦袋，學習、再學習、再學習，方能得到真知。世界上最優秀的棋手不會假裝自己無所不知、無所不曉。絕對的肯定態度往往夾帶著必然的無知。

所有知識都是片面的，絕大部分都在表象之下，而且表象下還有更多層的表象。正確答案彷彿近在咫尺，卻無法完全理解；彷如科學家推測出暗物質和暗能量的存在，卻無法確定它們的屬性。

西洋棋的可能性無窮無盡，與電腦的演算法相比，頂尖大師的智力可說相形見絀，而今日打遍天下無敵手的西洋棋程式也不會是下一代人工智慧的對手。也許，西洋棋當中總會有任何計算程式都無法解開的謎題，即使最終解開了，人類的大腦也有可能無法完全理解其謎底。

我們大概難以接受這個真相，但也只能不斷往下探勘。可以肯定的是——我們不知道自己不知道什麼，所以在六十四個方格中保持謙卑，耐心且努力地在永無止境的成長階梯邁步向上。

大師不藏的奇招

無數的「事實」都會在最意想不到的時機過期。在學習的過程中，不斷汰舊換新才是最強大的技能。

第4章

每天進步一點點

比別人強，不算高貴。真正的高貴是強過昨天的自己。

——美國心理學家威廉・謝爾登（William Sheldon）

重複的行為造就了你我。因此，卓越並非單一次的行動，而是一種習慣。

——美國作家威爾・杜蘭（Will Durant）

人人都說光靠動機無法持之以恆，沒錯，洗澡也不例外，所以才要天天洗澡。

——美國演說家金克拉（Zig Ziglar）

一八七〇年代初期，奧地利棋士斯坦尼茨（Wilhelm Steinitz）的理論徹底顛覆了西洋棋壇。彼時多數菁英棋士都秉承浪漫派（Romantic School）的精神下棋，也就是及早發動全面進攻以搶占先機。斯坦尼茨在職業棋涯早期，便是成功運用極具侵略性的浪漫派戰術取勝。可是他逐漸意識到，除非對方防守的功力很差，才能用強攻來打敗對手。

在大量分析大師的對弈過程後，他發現最有效的策略是耐心蓄積力量，等決一死戰的時刻來臨，手頭才有足夠棋子和兵突破對手抵抗。斯坦尼茨新創的策略被後世稱「小優勢累積理論」（Theory of the Accumulation of Small Advantages），簡稱「累積理論」（Accumulation Theory）。這套理論的邏輯無懈可擊：

> 雙方開局都擁有相同兵力，棋位上也不存在孰優孰劣。即使白

棋先走，但只要走法正確，理應能維持平衡、產生和局。唯有失誤才會打破平衡，導致一方搶占上風。

換句話說，即使進攻的戰術再精彩，只要準備不足，也會在強大的防守陣勢前敗下陣來。因此，聰明的棋士應該避免過早進攻。先在不同位置取得微幅優勢，直到對手犯下關鍵失誤再果斷進攻。唯有此時才是絕佳進攻時機，而且必須出手，否則優勢會轉瞬即逝。

斯坦尼茨一開始實行這套戰略時，遭到無數同行的嘲笑，說這種溫吞的佈局是「懦夫」。更妙的是，他還會選擇極具挑釁的走法誘使焦躁的對手輕率出兵。後來斯坦尼茨才漸漸地主導棋壇，並在一八八六年贏得首場正式的世界冠軍賽。從此以後，這套戰略才逐漸獲得青睞，並成為主流的棋盤思維。

如今，斯坦尼茨獲譽為現代西洋棋之父，其絕大多數的思想仍為後世頂尖棋士所承襲。

滴水穿石

距離斯坦尼茨提出「累積理論」後一百多年，日本組織理論家兼管理顧問今井正明於一九八六年出版《現場改善：日本競爭力的成功之鑰》，它大大改變了西方的公司管理流程。

「改善」意為「不斷改進，以求至善」，其概念奠基於循序漸進的修正，而非立即巨變。這點和「累積理論」不謀而合。在一步步的推進下，企業邁向成長，就有如對弈一般，緩中求穩、穩中求勝。管理者也應隨時準備好要拋棄過時、迂腐的觀念。

對於這套管理方法，斯坦尼茨如果還在世，肯定大表贊同。

在日常生活中，「累積理論」和「改善」也非常管用。舉例來說，許多人為了立即看到瘦身、健美的成果，會採取過度運動或者速成的減肥法。但許多專家指出，每天持續做一點運動，同時慢慢改變飲食習慣、選擇健康的食物，才會產生更持久的效果。

在金融領域裡，快速致富的計畫往往比不上有耐心的投資策略。暢銷書《原子習慣》的作者克利爾（James Clear）自創「邊際效益的總和」(aggregation of marginal gains）來描述這套平易近人的策略：

百分之一的進步並不顯著，甚至無以察覺，但長遠來看可能更具意義。這套計算方法很容易懂：每天進步百分之一，等到一年過後、大功告成時，你將比現在進步三十六點五倍。

「累積理論」及類似的理論應該非常管用，但我們忍不住好奇，為什麼它們不是人人都會遵循核心原則，即追求緩慢但穩定的進步呢？坦白說，在這個急功近利的時代，很少人願意憑著耐心，持之以恆地養成終身習慣。雖然華而不實的方法偶爾能取得驚人結果，但不經勤奮、犧牲和決心而得來的收穫，對個人的效益有限。誠如克利爾所寫：

> 人們容易高估某個決定性時刻的重要性，而低估每天創造微幅改進的價值。
>
> 長遠來看，不勞而獲其實會適得其反。

根據我的經驗，想讓自己和身邊人不斷進步，最好的辦法是在一天結束前花時間捫心自問：「我今天在哪方面有所進步？」藉由對話創造正向訊息，與家人或伴侶互相督促，就能完成彼此心目中的重要任務。每天傳遞前進的訊息，它就會生根發芽，成為你們的家庭文化，而每位成員也會自然而然地養成習慣，進而創造巨大優勢。

大師不藏的奇招

每天進步百分之一，等到一年過後、大功告成時，你將比現在進步三十六點五倍。

第5章

無用之用的練習法

不管是哪個領域的事物，唯有運用兩種以上的學習途徑，你才能理解它。

——美國人工智慧科學家明斯基（Marvin Minsky）

用最無拘無束、最不羈而原創的方式努力學習你最感興趣的東西。

——諾貝爾物理學獎得主費曼（Richard Feyman）

棋士想要提升棋藝，最有效的方法便是「解構學習」(disaggregated learning)。如同機械技師拆解引擎，棋士會將局面拆解成各自獨立的部分來鑽研。這是非常有效的工具，在西洋棋等諸多棋盤遊戲裡，棋子會隨著對弈過程而大幅減少，最後場上僅存寥寥可數的棋子和小兵，局面簡單又俐落。這個階段稱為「殘局」，而經歷成千上萬場殘局，正是成為西洋棋大師不可或缺的過程。

許多業餘棋士都討厭研究殘局，因為學起來既單調又枯燥。他們偏愛鑽研開局，總是迫不及待地從最新書籍或線上課程學習新招和陷阱，好殺個對手措手不及。可是，開局的風格來來去去，只有殘局蘊含的深刻道理永恆不變。難怪古巴西洋棋天才、第三屆世界冠軍卡帕布蘭卡（José Raúl Capablanca）寫道：「想要精進棋藝，就必須要率先研究殘局。因為殘局本身就蘊藏許多智慧，而中局和開局則一定要配合殘局才能一起剖析。」

以一場最為基本而單調的殘局為例：棋盤上只剩兩支王和一支小兵。它看似簡單，可是要充分掌握這三支棋的走向與發展，涉及所有西洋棋的核心原則。類似的基本殘局即使沒有上千也有上百，每個有上進心的棋士都該研究它們，因為其中藏有許多真知灼見。

洞察殘局就是探索西洋棋的微觀真理。殘局之於棋士，猶如元素週期表之於化學家。

脫離實戰需求的訓練法

解構學習適用於任何技能的練習與養成，而它的基本方法與該球賽或活動的正式執行方式無關。舉例來說，四屆NBA總冠軍柯瑞在場下練習時，會全神貫注一次運兩顆球，彷彿在表演雜耍一般。在正式比賽時，他永遠不會有機會用雙手運球，可是他依舊會如此練習，因為這會帶來許多實際的好處，包括加強協調和靈活度，還能和籃球培養感情，只運一顆球時也能超有自信。

除此之外，鐵板燒師傅會用平鏟拋接食材，空手道高手能用赤手空拳擊碎木板，足球員會把玩足球，設法不讓球落地。這些技巧看似對料理的美味、球賽的勝利毫無用處，但它們的意義不光是如此。提升身體的協調性百利而無一害，這不但有助於你操縱自己的「生財工具」，由此而生的自信更是無價之寶。

在我開發的線上學習應用程式「艾胥利教你下西洋棋」（Maurice Ashley Teaches Chess）中，有一階段名為「構建技能」（Skill Builders），它為初學者提供了許多練習以學習基本原則。

在「吃小兵」（Pawn Mower）的任務中，玩家要連續吃掉對方多個小兵。不過，這一關有兩大規則：首先，玩家不能移動任何小兵，必須像飢餓老鼠啃食小起司一樣自行前進；其次，每次移動棋子都必須先吃掉一隻小兵，不能走到空位。換句話說，每回合就只有一種破關的路線。

這項練習乍看之下無關緊要，畢竟西洋棋不像西洋跳棋（Checkers），棋士無法連續吃掉多個棋子和小兵。可是，荒唐的背後往往存在邏輯。隨著關卡難度提升，小兵數量會越來越多，要找出那唯一的破關路線就變得越來越困難。這項練習不僅能讓玩家理解棋子的移動方式，還能訓練他提前多步思考。進入實戰的棋局後，這項技能便能派上用場。

不管是哪一種領域，練習非實戰用的技能都有好處。

舉例來說，我的朋友安娜在三歲時就開始學網球，當時教練要她不斷練習轉身擊球。安娜得背對來球方向，而教練丟球出去時會大喊「來了」，安娜必須迅速轉身擊球。安娜打趣地回憶說，當時她非常討厭這項練習，但後來才發現它有助於提升自己的反應力、腳步的流暢度和預判力。就這些效用來看，職業網球選手多練習也能受益匪淺。

解構學習法不分年齡和難度，關鍵在於解放思路，不再拘泥於它在某項運動或活動中的實戰效果。放手去嘗試看似荒唐、離奇的想法，即使被罵非正統或愚笨也無所謂。誠如美國詩人斯特羅德（Muriel Strode）的至理名言：

> 我不順著路走，要往沒路的地方，闖出一條小徑。

大師不藏的奇招

提升身體的協調性百利而無一害，這不但有助於你操縱自己的「生財工具」，由此而生的自信更是無價之寶。

第6章

氣勢的迷思

占上風時，你會以為自己穩操勝券，即使實際上瀕臨危崖。

——第十三屆西洋棋世界冠軍卡斯帕洛夫

通往成功的道路永遠施工中。

——美國艾美獎演員兼劇作家湯姆林（Lily Tomlin）

頂尖棋士最重要的特質之一，就是無論內外在有什麼波動，都能在對弈中保持全神貫注。特級大師很清楚，開局力壓對手固然重要，但僅憑前面的佈局就拿下勝利並不多見。挑戰總是出現在無往不利的開局之後，前面幾步下得一帆風順時，難免會放下警戒心；注意力一鬆懈，就情不自禁地覺得勝利手到擒來。

然而，對手只要能把握你一閃神的時刻，便能逆轉戰局。這不禁讓人疑惑，漂亮的佈局究竟哪裡有問題？

開局一路將對方壓著打，最後卻沒能守住優勢而敗下陣來，這種情況時有所聞。無人能敵的氣勢本身就是一種錯覺，是心智在勢不可擋時自己杜撰的情節。但有不少人主張，氣勢是實際存在、經過科學驗證的現象。確實，滾落山頭的雪球衝力會越來越強。在你死我活的競技場上，只要扛住壓力、絕不屈服於排山倒海而來的攻勢，那對方的氣勢也會轉瞬即逝。看看那些名留青史的競技者，他們在對手一次次的強攻下、陷入困獸之鬥時，總能一次次地扭轉乾坤，粉碎對手的期待並奪回勝利。

不輕言放棄

湯姆．布雷迪（Tom Brady）正是這樣臨危不亂的球員，毫不誇張地說，他應該是美式足球史上最偉大的四分衛；他無數次在場上帶領球隊起死回生，無異於神話。

就拿第五十一屆超級盃來說吧。布雷迪所屬的新英格蘭愛國者隊在開場後的表現乏善可陳；半場結束前，對手亞特蘭大獵鷹隊已經三次達陣，而愛國者居於劣勢。美國流行樂天后女神卡卡中場的演出魅力四射，獵鷹球迷更加盡情地狂歡，因為球隊距離勝利僅有一步之遙。但是，四次超級盃冠軍布雷迪很清楚，比賽還沒結束。下半場開賽後，布雷迪猶如手握忍者牌（Ginsu）廚刀的大師，手起刀落拆解敵隊防守。

布雷迪有意識地「借力使力」，趁對手以為勝券在握、志得意滿時進行反攻。雖然隊友士氣低落，但布雷迪屢次展現堅定的意志與信心，時間越緊迫、比分差距越大，他反而鬥志更高昂。憑著絕不放棄的意志與表現，他播下了懷疑的種子，並生根發芽。

獵鷹開始懷疑愛國者搞不好有能力從谷底反彈、把比方扳平。懷疑變成恐懼、恐懼變成驚慌；等到回過神來，獵鷹已經將冠軍拱手讓人，布雷迪則再一次震撼對手。

棋士都深深了解到，絕對領先的同時往往是注意力最不集中的時候。第二屆西洋棋世界冠軍拉斯克（Emanuel Lasker）有句名言：「最難贏的就是你已經占上風的棋局。」蟬聯冠軍長達二十七年之久的拉斯克，在經歷無數的慘痛教訓後體悟到，擁有優勢時必須保持最高警戒。

拉斯克擅長打心理戰，經常利用極具挑釁的棋步誘導對手，讓他誤以為勝利在望。接下來，拉斯克才會使出引以為傲的防守技巧扭轉局勢，殺得對手不知所措。誠如西洋棋大師霍洛維茨（Israel Albert Horowitz）所寫：

西洋棋壇不證自明的道理是：取得贏面比取得勝利容易多了。走錯一步會抵銷四十步好棋，即使勝券在握，步步為營依然至關重要。

我的慘痛教訓

在數不清多少次的棋局中，我也因為放鬆懈怠而與勝利失之交臂，最慘痛的一次教訓是一九八八年的西洋棋國際公開賽。我在費城的亞當馬克（Adam's Mark）飯店對上特級大師勞勃・拜恩（Robert Byrne）。

拜恩拿過美國西洋棋冠軍、也曾問鼎世界冠軍。一九五二年至一九七六年期間，他九度代表美國出征西洋棋奧林匹克，憑藉精湛棋藝奪下七面獎牌。除此之外，拜恩也是《紐約時報》備受推崇的西洋棋專欄作家。身為紐約人，我每週二都會買報紙拜讀他的最新文章。

拜恩在我們交手時已經年過六十，但我非常清楚，像他這樣的傳奇人物絕不會輕易言敗。不過開局時他還是一反常態犯了個大失誤，讓我抓住破綻對國王發起猛烈攻勢。我洋洋得意，認為自己的棋步彷佛雷射槍一般精準，就算我是執黑棋後攻的一方，依然只用了二十一步便取得決定性優勢。

局面明顯對我有利，於是我站了起來，在大廳裡大搖大擺走來走去。同場比賽的朋友娜塔莎．烏斯（Natasha Us）見我臉上掛個一抹神祕的微笑，彷彿《愛麗絲夢遊仙境》的柴郡貓一樣，便問我發生什麼事了。

「我一路壓著他打，」我回答，「這盤棋下得太漂亮了，應該可以把對戰過程投稿到投稿《棋訊》（*Informant*）。」她驚訝得睜大雙眼。（《棋訊》每半年出版一次，編輯會精挑細選那段時間各地大師的精彩對弈。）烏斯走到棋盤前，見我確實下得不錯，又略帶困惑笑了笑，回去自己位置。拜恩坐立難安、試圖尋找出路，我繼續四處閒逛，已經在想晚餐要吃什麼了。

拜恩終於移動棋子後，我若無其事地回到座位上，落定自以為制勝的一步。沒過多久，我就明顯意識到，這絲毫稱不上制勝棋，還導致我丟失了一度擁有的巨大優勢。當下我感到無比震驚、手足無措。

相反地，拜恩注意到時來運轉的一刻，像著了魔一樣繼續纏鬥。原先我以為自己穩操勝券了，但現在輪到我左右閃躲，只能努力壓抑內心的失望之情。

接下來幾個小時，拜恩不斷夾擊我的地盤，看我何時扛不住持續的攻勢、自亂陣腳。但我也不是省油的燈，在頑強防守下，我成功度過最艱困的局面。此刻，雙方旗鼓相當，誰都沒有真正勝算。

確定自己徹底安全以後，我提議雙方和棋，拜恩卻出乎我意料地一口回絕。畢竟他當下是進攻方，只想牢牢掌握氣勢。以現實上來說，雙方都沒有贏面，但拜恩就是看不透。

拜恩接下來的一步大錯特錯。事實證明，過度樂觀會付出慘重的代價。他光是下這一步，就為我響起反攻的號角；他的皇后馬上淪陷。拜恩大感震驚，很快便認輸。

我贏得了比賽，但內心深處還是覺得自己輸了。雖然有華麗的開局，結果卻是慘勝。為了贏得這場比賽，我苦戰好幾個小時，勝利之情也被疲憊沖淡了。黑人傳奇棋士埃默里．泰特（Emory Tate）賽後走到我面前，他也發現了，其實我原本大有機會提前結束比賽，卻錯過了絕佳的攻擊時機。

我大搖大擺地在大廳閒晃，讚嘆自己是這麼有才華，並幻想在《棋訊》看到自己一手設計的勝局被刊出。在我得意洋洋回到棋盤的那一刻，卻沒發現自己漏掉了可以給對手一刀斃命的一步。後來，這盤棋的對弈過程也沒有對外發表。

棋王的滑鐵盧一役

即使是稱霸國際棋壇的菁英棋士，也會不小心踏出意料之外的一步。二〇一八年，前世界冠軍卡爾森便樂極生悲，在最負盛名的巡迴賽「辛格費爾德盃」（Sinquefield Cup）中，意外地於第七輪嚐到敗北的滋味。

在本場比賽前，棋壇紛紛揣測卡爾森已經失去手感，因為他長期以來的制霸力消失了，一年多沒拿到任何頂級賽事的冠軍頭銜。而他的對手不斷攻城掠地，導致他世界棋王的地位搖搖欲墜。

卡爾森在這輪比賽中對上美國棋士卡魯阿納（Fabiano Caruana），後者在積分排行榜上位列第二，而大眾都親切稱呼他為「法比」（Fabi）。彼時卡魯阿納才剛拿下當年底對戰世界冠軍的資格，棋壇人士都在高度關注，這盤棋是否會成為新舊交替的會前賽。

卡魯阿納一度出現關鍵失誤，讓卡爾森獲得壓倒性優勢。眼見局面對卡魯阿納相當不利，卡爾森便決定放鬆一下，到被封鎖線圍起的私人休息區晃晃。休息區有擺攝影機，棋士可以即刻向棋迷表達對賽局的感想，讓他們仔細品味大師的一字一句，因此又被戲稱為「告解室」。

卡爾森不常進入告解室，所以當他一反常態面對鏡頭時，包括我在內的所有評論員都非常激動。但是，他不發一語，只是把食指放在嘴唇上大約三秒鐘，用競技界約定俗成的手勢讓黑粉安靜下來。他的意思再明顯不過，隨然卡魯阿納在這場巡迴賽表現優異，但他即將摧毀這位排名最接近自己的對手。

卡爾森對這盤棋的走向胸有成竹，也非得讓全世界感受到他的霸氣。

不幸的是，局面發展不如卡爾森預期。回到棋盤後，卡爾森馬上犯了一個嚴重失誤，卡魯阿納得以開啟新局面。短短一步棋的時間，賽局就急轉直下，過不了多久，卡爾森就得提議和棋。他賽後在接受採訪時感到百思不得其解，自己怎麼會讓一個大好機會從指縫溜走。

「我有十足的把握獲勝，」卡爾森強調：「問題是，每次我在對弈時都不夠務實，老是猶豫不決，無法憑直覺做決定。這實在很令人感到挫敗。」

直到最後一刻

為了不要陷入氣勢的迷思，我們需要提升心理素質，在占上風時才不會洋洋得意。在二〇二二年的卡達世界盃足球賽八強賽，巴西的超級前鋒內馬爾在關鍵時刻踢進了精彩一球，而對手克羅埃西亞依然掛蛋。巴西球迷歡聲雷動，連解說員都不看好克羅埃西亞能翻盤。

但就在比賽還剩三分鐘時，克羅埃西亞進了一球扳平比分；這支低調的足球勁旅，曾以永不言敗的精神闖入上屆決賽。最終，克羅埃西亞把握了十二碼罰球，擠掉巴西、闖進四強。

由此可見，即使足球強國、五屆大力神盃得主巴西，也無法抵擋氣勢的誘惑。就在他們相信勝券在握之際，也是不堪一擊之時。

不要相信興頭上的自己，也不要將氣勢當成無敵星星。事情一帆風順時，要提醒自己，既要做最沉著的人，也要做最絕望的人，審慎看待每個環節。無論是籃球的第四節、棒球的第九局或西洋棋的終局，你都要全神貫注、全力以赴，絕對不能鬆懈。

你不僅要避免陷入勝券在握的假象，還要「借力使力」，創造有利於自己的局面——倘若對手以為你的好表現是因為氣勢絕佳，那就繼續窮追猛打！永遠不要忘記，重要的並非如何開場，而是如何結束。

大師不藏的奇招

事情一帆風順時，要提醒自己，既要做最沉著的人，也要做最絕望的人，審慎看待每個環節。

第7章

慶祝失敗

輸棋比贏棋能學到的多更多，成為一名出色棋士之前，要先輸掉上百盤棋。

——第三屆西洋棋世界冠軍卡帕布蘭卡

冠軍的意義不在於取得勝利，而是如何從失敗中重整旗鼓。

——美國網球名將小威廉絲

想拿出最理想的表現，就必須有重新振作的能力。比失敗更糟的情況，就是讓第一天的勝負影響到第二天的戰局。

——荷蘭籍西洋棋特級大師阿尼什・吉里（Anish Giri）

失敗意味著什麼？無非是啟發與知識。它是邁向成功的第一步。

——美國十九世紀廢奴主義者費利普斯（Wendell Phillips）

沒人喜歡失敗的滋味。但是，要衡量某項任務最終成功與否，最客觀的標準就是看你如何面對失敗。在落敗後情緒失控、動粗、咆哮、砸東西，對你一點好處也沒有。偉大的鬥士會把失敗視為途徑，以從中獲得寶貴的見解。他們能把每場賽局的意義提高。由此可見，想在競技中更上一層樓，就更要把握失敗的契機。

已故的NBA巨星小飛俠布萊恩曾被問到：「對你來說，輸球是什麼感覺？」他回答：「興奮。這代表有不同的方法可以讓自己成長。我肯定有些弱點暴露出來了，需要加以彌補……輸球的感覺爛透了，但是只要看清了癥結點，答案就在其中。」

強敵亦是摯友帶來的成長

已故的羅納德・辛普森（Ronald Simpson）是我的摯友更是頭號勁

敵，他總能憑空想出令人歎為觀止的進攻戰術，堪稱奇才。我們還在念紐約市立學院（City College of New York）時，常在西洋棋社玩超快棋（Blitz），一玩就是幾個小時起跳。可是，結局多半是我方棋子被蠶食鯨吞，徒留本人遍體鱗傷的自尊。

辛普森善於引蛇入洞，先用看似破綻百出的棋步誘敵進攻，一旦我「略施薄懲」後，他便會回以重擊，把我的陣型破壞得稀巴爛。既然要打敗我易如反掌，辛普森就索性放水——他每一步棋限時兩分鐘，但我可以想五分鐘——即便如此，他還是能贏我。每次慘敗後，我在返回布魯克林的火車上總是又氣餒又覺得沒面子。

慘輸好幾個星期後，我想出一套計畫。辛普森善於洞察對手路數，所以我的戰術很容易被看透。因此，我也得設法破解他每一步棋背後有什麼漏洞，並更加仔細研究他的戰略和戰術。雖然理解和學會應用戰略（也就是佈陣），你就能判別哪些路數不大對勁，但想要開創有領先優勢的局面，還是要學會更精確的戰術。

以拳擊來比喻。你設法將對手逼到擂台一角，以阻擋對方接近中心位置，接著毫不留情出拳削弱對方的防禦力。目前為止，一切可圈可點。接下來靠的是拳法組合——刺拳、刺拳和上勾拳，才能將對手擊倒在地。辛普森擅長察覺和執行戰術，如果我想反擊，就必須擁有同樣出色的步數。

不過，我首先還是要擬定戰略。

接下來幾個月，我和準備行軍打仗的將軍有得比，我埋頭苦讀六本探討西洋棋戰略的書籍。幾個星期後，我逐漸看出辛普森棋步的缺陷與佈陣的漏洞，也找到有利於反擊的位置。

一開始，這些新發現在對弈中根本沒有成效。辛普森依舊能想出一些狡猾的路數攻破我的城池，又或是在我以為掐住他喉嚨時擺脫箝制。可是，隨著一次又一次對戰，我越來越善於發現破綻。我有信心，有朝一日能占到便宜，屆時絕不會手下留情放過他。

我在六個月後讀完最後一本「兵書」，接著進入計畫的第二階段——鑽研戰術。每到夜裡，我就會挑出歷年來特級大師著名的對戰棋局，並開始解謎。這些謎題有許多範例，包括標準的將殺、出其不意的將死，還有精準鎖定並扳倒對手的特定棋子。有些棋局的難度較高，不太容易想出路數的先後順序，但練習久了它們就會慢慢浮現。於是，我開始懂得用巧妙的走位來化危機為轉機。

經過幾週不間斷學習，一天下午我到校園向辛普森下戰帖；再走出棋社時，已經是隔天早上。我的路數已經複雜到辛普森沒有足夠的時間破解。過程中，他承認自己需要更多思考的時間；那一刻起，我們都清楚，他再也不能像過去那般輕鬆地修理我。

接下來，我一次又一次攻城掠地，從他的陣型漏洞逃出生天，並用學到的路數反擊，辛普森的策略顯然不再奏效。儘管我的棋藝還比不上辛普森，但總算和他旗鼓相當。多虧過去每一場敗局讓我汲取經驗，最終我才能爬到到國家大師（National Master）的地位。

珍惜每次的失敗

在屢戰屢敗後迸發而出的爆炸性成長更加驚人，我們可以說，失敗本身會進化成禮物。勇奪八屆美國女子西洋棋錦標賽冠軍的特級大師艾琳娜．克魯什（Irina Krush）也強調過失敗之於提升棋藝的重要性：

我曾經把輸棋看得很負面。可是一個有智慧的人告訴我要「慶祝失敗」。我知道這對一些人來說很荒謬，但要對自身的錯誤心存感激，因為輸棋能學到的東西比贏棋要多得多。

二〇二三年，NBA東區頭號種子密爾瓦基公鹿隊爆冷輸給分區墊底邁阿密熱火隊。賽後記者問效力公鹿的超級球星「字母哥」安戴托昆波，會不會認為這是本屆賽季一大敗筆，他的回答之睿智，以致迅速在網路爆紅：

體壇沒有失敗一說，日子有好有壞，有的日子會成功，有的日子就是不會。偶爾輪到你，偶爾輪到別人。這就是競技運動。你不會一直贏下去，總會有別人贏……就這麼簡單。明年我們會捲土重來，努力變得更強、養成更好的習慣、打得更好……希望能拿下冠軍。

失利的好處不僅顯現在西洋棋或其他競技運動中，平時吵架輸了也不失為一件好事。創意思考之父狄波諾（Edward de Bono）在《如何擁有美麗心靈》（*How to Have a Beautiful Mind*）一書中談到：

假如你非得吵贏不可，除了能炫耀很會吵架以外，最後什麼也得不到。不過要是吵輸了，反而有可能獲得新的不同觀點。

儘管失敗有許多潛在的好處，但脆弱的自尊往往會讓失敗變得難以消化，就連親人出於善意的失望情緒，也會幫倒忙。在比賽會場上，我們常見到許多令人難過的場面：家長因為孩子輸棋而大呼小叫，甚至動手打小孩。生活中各個領域都有失職的家長，而這些現象提醒你我——優雅地輸掉比賽並心存感激，是所有年齡層的人都要面對的重要課題。

大家都把勝者當成超級英雄，而忽略了他們是如何在一次次的失利後養成強大的決心、韌性與勇氣，才終於站上巔峰。有句名言說得好：「成功是走過一次又一次失敗但不失熱情。」把挫敗當做一門課的人，會成為偉大的勝者。

大師不藏的奇招

「慶祝失敗」，我知道這對一些人來說這很荒謬，但要對自身的錯誤心存感激，因為輸棋能學到的東西比贏棋要多得多。

第8章

犯錯的力量

如果你在前進的道路上沒犯過一些大錯，那就沒有機會抓住商業上或職涯上的契機。

——前美國銀行、花旗銀行高階主管克羅契克（Sallie Krawcheck）

若能重活一次，我要更快犯同樣的錯誤。

——美國電影演員塔盧拉・班克黑德（Tallulah Bankhead）

失誤就在棋盤上，等待你去犯錯。

——法國西洋棋特級大師塔塔科維（Savielly Tartakower）

對弈的當下，棋手在棋盤上互相角力，也在腦海中不停地計算、推演。因此，棋手很容易迷失在錯綜複雜的棋局中，難以從紛亂龐雜的可行選項中下定決心。在猶豫不決中，他們所感受到的壓力不斷升高，身心疲勞不已。

激戰四、五個小時後，棋手就很忽略簡單的走法，或妄想不可行的戰術。身處高壓環境下，即使制霸棋壇的大師也難免會犯些小錯；要是場景換成安靜的客廳，就會變得游刃有餘。

今時今日，西洋棋迷不但可以在線上觀賽，螢幕上還有圖卡即時說明戰況，人工智慧也會加入分析棋局，並無情地指出棋手的失誤。而聊天室的棋迷不時會幸災樂禍地評論說，看來某某棋手恐怕快過氣了。這些網路鄉民在平時對弈時老是漏洞百出，卻能自信滿滿地躲在鍵盤後大放厥詞。

苛評豈止出現在棋壇。政治人物一旦失言，立刻成為晚間新聞的素材。此外，鮮少有大公司和企業願意坦白犯錯，這無非害怕拖垮股價。「你們中間誰是沒有罪的，誰就可以先拿石頭打她。」《聖經》中的至理名言似乎不太能引起網路鄉民的共鳴。

事實上，犯錯才是正常的，是意料之中且可以接受的。多數人都會為了失誤而自責不已，但是真正的西洋棋愛好者都清楚，分析錯誤正是變強的最佳途徑。走錯一次是難免的，但在反覆失誤的背後，就代表著棋士本人有某種不佳的思考模式，或者誤解了重要的概念。

因此，唯有正視錯誤，才能察覺反覆出現的慣常思路，並設法根除此惡性循環。

魔鬼藏在優點中

我花了好長一段時間才發現，自己總是想把皇后留在棋盤上，即使當下最好的做法是拿來交換對方的皇后。在我的理解中，皇后是最好的攻擊棋子，我又喜歡一舉擊潰對手，如果跟對方交換皇后，無異於在籃球場上，雙方教練喬好讓明星球員坐板凳（「你請小飛俠下場休息，我就讓詹皇坐板凳」）。

不過，經驗豐富的對手肯定會察覺我的想法，然後設法逼我交出皇后，藉此化解攻勢。直到我研究自己的敗局後，才發現這個壞習慣並設法加以修正。我現在還是喜歡強攻，但更懂得欣賞不同的行棋風格。

不過，即使察覺到自己的陋習，我們還是會不斷地重蹈覆轍，最主要的原因在於，自己不堪一擊的弱點都正好藏在我們的強項中。若你擁有打遍天下無敵手的技巧，清明的神智反倒會被它所蒙蔽。

黑人傳奇棋士埃默里．泰特在職業生涯中打敗過許多特級大師，他無疑是我見過最具創造力的棋手之一。可是泰特那套「不成功便成仁」的戰略，常常會讓他在精明的智多星前敗下陣來。他喜歡走極端的險棋，所以很容易葬送自己的勝利。若有人提醒他，不留退路會輸掉太多比賽，他就會尖銳地回應道：「這就是我下棋的方式。」

他一直抗拒從敗局中吸取教訓，以致無法達到與天賦匹配的頂尖棋藝。

犯錯是最好的學習方法，儘管結果令你難堪，但當中充滿了不可或缺的教訓，讓人學會趨吉避凶。除此之外，這也是省視自我的好方法，包括找出自己容易陷入的心理誤區。

差勁的選手不會花時間檢討錯誤，而是當作什麼事都沒發生過一樣。但是高手都很清楚，仔細檢討每次的錯誤和釐清原因，實力才能突飛猛進。所幸在西洋棋比賽中，都會有專人（或電腦）記錄下每局對弈的每一步棋，以利賽後復盤、研究失誤。

關穎珊的蛻變

確認錯在哪裡、注意是否有固定規律可循，接下來不外乎下苦功去改正，務求在未來比賽中不貳過。

花式滑冰傳奇選手關穎珊是最好的典範，她將犯錯視為摘冠不可或缺的一步。她出神入化的滑冰技巧幾乎都建立於不計其數的錯誤。每當熟練一種高難度跳躍後，緊接而來的不外乎是更具挑戰性的動作，即使最厲害的滑冰選手，一開始肯定也摔個四腳朝天。

一九八八年，美國花式滑冰錦標賽在田納西州的納許維爾市登場。彼時年僅十六歲的關穎珊是世界排名第一，外界一致預期冠軍的頭銜非她莫屬。然而，關穎珊完成開場第一個動作後，災難說來就來——第二跳時出現嚴重失誤，雙手和膝蓋都撞到冰面上，接著又摔倒兩次。

實力不強的選手可能會因為當眾出糗而一蹶不振，也很難平復心情、重返冰場。但是關穎珊清楚，錯誤是進化必不可少的一環。「我可以認輸、放棄，但也可以從失誤中學習，變得更好。」她說。

關穎珊說到做到，她變得更加優秀。而她的滑冰祕訣就是在每次跌倒中找到學習的空間。

「我前半生都花時間在訓練自己保持穩定、不要跌倒，」關穎珊說：「但是我後來獲得的最大啟發不是如何避免跌倒，而是如何爬起來繼續前進。你可以拿出力氣站起來，選擇再試一次。不夠的話，再試兩次、三次。」

憑著實力與韌性，以及直面失敗的勇氣，關穎珊成為美國史上最卓越的花式滑冰運動員。

西洋棋手深深了解到，犯錯後仔細分析並加以檢討是通往大師的必經之路。話說回來，犯錯本身還有更深刻的意義，尤其是在實現自我的道路上，跌倒是必要的。「人必須犯錯才能發現自己不是誰，」美國小說家萊莫特（Anne Lamott）說：「自我覺察是伴隨行動而產生。你並非在思考中成為自己。」

邁向自由的道路也許就在於放手犯錯，這正是美國心理學家布羅瑟斯（Joyce Brothers）稱之為「人類專屬的通行證」。不擔心錯誤或失敗，勇敢採取下一步行動，因為我們知道，錯誤的那頭是更好、更強大、更有能力的自己。

大師不藏的奇招

多數人都會為了失誤而自責不已，但是真正的西洋棋愛好者都清楚，分析錯誤正是變強的最佳途徑。

第9章

不完美才美

人生最嚴重的錯誤是不斷擔心犯錯。

——美國作家阿爾伯特・哈伯德（Elbert Hubbard）

被絆倒時，就當作是一種舞步吧。

——佚名

二十五年前，我在一場電視直播節目上和英國特級大師雷蒙・基恩（Raymond Keene）吵了起來。

那是一九九七年的事。世界冠軍卡斯帕洛夫在史詩般的人機大戰中敗給了IBM的超級電腦「深藍」，大大震驚棋壇乃至國際社會。沒過多久，我和雷蒙便受邀上新聞節目談西洋棋的未來發展。

雷蒙堅持，真人的西洋棋對弈即將成為過去式，因為棋迷最渴望見證的絕佳戰術與策略，電腦就有能力做到。我則反駁說，人們在棋盤上的對抗不會消失，因為一般棋迷根本不關心兩台機器如何互相較量，無論它們的走法有多精湛。

現在回想起來，我認為自己吵贏了值得尊敬的雷蒙（儘管他應該老早就把這次對談忘得一乾二淨）。我整個論辯的重點在於，對人類來說，只有贏過同類才是值得吹噓的事情。當然，對弈的意義豈止於贏過對手。對於各種棋盤競技和運動迷來說，最大的樂趣不外乎目睹對戰雙方全力拼搏，並欣賞他們長年累月練習後展現的驚人技藝。因此，每天才會有成千上萬的人擠爆世界各地的競賽場館，爭相見證頂尖選手的超強體能和驚人腦力，那是普通人夢寐以求的神技。

再出發所帶來的感動

我們熱衷觀賞棋賽，看著精益求精的大師以近乎完美的水準展現棋藝，那種感動的心情，就像見到絢麗與華美的自然景觀。我們也期待見證各行各業的職人拿出絕活與完美的表現，包括醫師、飛行員、廚師或火箭科學家。

然而，生而為地球人，勢必要領悟一點：生活時時刻刻充滿不完美，尤其在邁向卓越的路途中，偶爾還會出現令人痛徹心扉的錯誤。

看到鋼琴名家絕妙的琴藝，抑或體操選手騰空而起、完美落地，觀眾確實能感到無與倫比的喜悅。他們出神入化的表現令人驚嘆不已：

美國體操國手「黑珍珠」西蒙・拜爾斯凌空展現力與美的瞬間；

阿根廷國腳梅西靈活地帶球過人、令防守球員措手不及；

棋王卡爾森在每場比賽中發揮超乎常人的記憶力。

雖然如此，目睹世界級的選手跌倒、犯錯再爬起來回到場上，更是令人感動。

球沒接好、暴投、被抄截、看錯暗號或罰球不進，這些都是球類運動不可或缺的一環，更是成就傳奇球星的重要養分。球迷想看的是球員在經歷致命失誤後能否奮起直追，即使無力回天，又能否從失利中重新振作，贏得下次比賽的勝利。

歐普拉、比爾．蓋茲、金凱瑞、麥可．喬丹、史蒂芬．金、凱蒂．佩芮、華特．迪士尼……不計其數的名人都走過令人心碎的失敗再重新出發，並創造出截然不同的生命風景。這些成功人士的親身經歷告訴我們——擁抱錯誤、吸取教訓、重新振作，接著全力以赴、做出最佳表現——這才是能帶來改變的正向心態。

從日本的「侘寂」美學來看，我們應該多發掘不完美的美、接受大自然的消長，以全面體現「美中不足」的生活觀。這與西方世界盛行的希臘古典美學形成鮮明對比，後者強調平衡與完美。侘寂的精神強調，沒有什麼是永恆的，因為生命的本質是短暫的。此派的藝術家也將這樣的理念融入文學、詩歌、音樂、建築與花藝等精緻作品。

舉例來說，在日本有所謂的「金繼」工藝，其匠師會以金、銀或白金粉末的漆來修補陶器。它重新定義了裂痕的意義，也就是此器具珍貴而美麗的歷史痕跡。

人類的競技活動將恆久存在，原因之一就在於不完美的美感。作為觀眾，我們從選手的失敗表現看到普遍的人性弱點，也發現了自己的身影。無論參賽者是職業選手或地方聯盟的少年運動員，我們都希望他們取得好成績。

然而，我們也都很清楚，他們難免會出錯、輸掉比賽，但我們重視的是努力和決心。不執著於完美，只要每時每刻全力以赴，就會有更多機會去實現最全面的自我。

大師不藏的奇招

作為觀眾，我們從選手的失敗表現看到普遍的人性弱點，也發現了自己的身影。

第10章

切換視角的益處

知彼知己，百戰不殆；不知彼而知己，一勝一負；不知彼不知己，每戰必殆。

——孫子

每個人身上都背負一段不為人知的歷史，也因此都該獲得一點包容和原諒。

——蜜雪兒．歐巴馬

在獅子有自己的歷史學家之前，關於狩獵的史書就只會歌頌獵人的功績。

——西非伊博族（Igbo）的俗諺

在各種競技活動中，最不可或缺的要素是了解對手。對棋手來說，這是第二天性。在重要比賽之前，棋手會花好幾個月的時間分析對手強項、弱點、開局偏好、中局傾向。即使比賽之前沒有充足時間做準備，棋手也會快速回顧對手賽史，努力找到任何有利於擘劃致勝策略的情報。

有些人認為，只要關注自身的進步就夠了，這種心態說好聽點是天真，說難聽點是愚蠢。在每次對戰前，如果要在「知己」和「知彼」之間做出選擇，請務必選擇後者。特級大師蓋坎達納夫（Gregory Kaidanov）曾擔任過我的教練，他用一段生動的描述來比喻研究對手的重要性：

試想，你正在與某人對弈，你本來有機會一擊必殺，開局時卻錯過了，這盤局會輸嗎？不會，你還有機會組織下一波進攻。如果反過來呢？對手即將有機會一招制勝，你卻渾然未察。那你就只能等死了。

談到洞察對手，前世界冠軍卡爾森無疑是王中之王。二〇二一年，卡爾森對陣俄國強敵涅波姆尼亞奇（Ian Nepomniachtchi，人稱「涅波」），賽前接受採訪時，卡爾森毫不馬虎地描述涅波的心態：

我非常了解他的長處和短處……他前一局輸了之後很少會有好表現。相反地，即使被他迎面痛擊一次，我也不會倒下。這些是他最大的挑戰與課題：佈局出錯；一失誤就兵敗如山倒；無法維持優勢；應該打成平手卻敗下陣來。

後來比賽的走向完全印證了卡爾森的賽前評估。前五局戰成平手後，包括我在內的許多評論員都認為挑戰方涅波來勢洶洶。卡爾森有幾局下得很投機，至少第二局本應該輸掉。涅波在第六回合的開局很強，但幾個錯誤的決定導致卡爾森占了上風，最終在一百三十六步棋以後拿下勝利，這是世界冠軍賽中最長的一局。

接下來更是一連串災難。涅波在第八局丟了一隻兵，第九局出乎意料犯錯失子，第十一局再次失誤丟子，最終兵敗如山倒。沒有人能預料到，平時下棋出神入化、察覺奇招的能力堪比地表最強棋手的涅波，竟然會犯下如此嚴重的失誤。唯獨卡爾森精準預測到，涅波在面對失利與失誤時會冷靜不下來，因而崩潰落敗。

不肯認錯的社會風氣

不管在西洋棋或其他領域，我們都該努力理解對方的想法。原因不光是為了擊敗或控制對方（這也不是主要原因），而是這項技能對於任何人際關係都很重要，不管是對於伴侶、孩子、朋友或同事。理解他人的內心世界是一種超能力，值得我們日復一日培養。

這個道理再顯而易見不過了，可是忽視他人的立場似乎是當前的社會風氣。政論節目就是如此，某一方緊抓住自己的觀點，然後對著反對方頤指氣使。政治人物的針鋒相對大多是為了爭取選民支持，而非激盪出更明智的做法以及追尋事實。在社群媒體上，多數人也都聚焦在自身的想法，而不是認真去了解別人的意見。

回想一下，你上次聽見政治人物或時事評論員認錯是什麼時候？他們會承認自己的論證有問題嗎？

「你說得很對！這是很好的觀點。你的思路很清楚。我應該錯了，得重新推敲一番。」我敢打賭你一定沒有聽過這種話。在當今的文化下，我們不惜一切代價只想取勝，更不鼓勵彼此承認錯誤，尤其在眾人面前交鋒時，更要狡辯到底。而視合理情況改變想法的人，就會被說成是意志不堅。

但是，顯而易見的，既然雙方觀點截然不同，那麼絕不可能兩個人都是對的（倒是有可能雙方都錯了）。只要雙方開誠布公、一同思考問題的癥結點，那麼從邏輯上來說，後來一定會有一方改變立場。但現實中這種情況卻不常發生。由此可見，雖然許多人的想法都有見地，但也容易固持己見。誠如創意思考之父狄波諾所言：

許多高智商的人之所以被困在糟糕的想法，是因為他們總能出色地為自己辯護。

宿命對決

那麼西洋棋手能否免於類似的思惟陷阱呢?我以過來人的經驗告訴你，答案是「幾乎不可能」。從棋手所接受的訓練來看，無論目前情況有多糟糕，一定要用上已知的戰略與戰術來捍衛自己的局面。雖然西洋棋的競技精神是基於洞察和欣賞對手的戰術，但在研究後對手的想法後，許多棋士還是依然故我、堅持己見。

唯有佼佼者才明白，最好的老師正是對手;他們能讓你精心策劃的戰術付諸東流，令你扼腕不已。在頂尖的賽事中，對手往往能找出你的弱點、揭開你一連串錯誤的源頭。棋盤是想像力與創造力的試驗場，而棋手最渴望的莫過於遇到旗鼓相當的對手，以此證明或顛覆自己的想法，從而不斷成長。

第十三屆西洋棋世界冠軍卡斯帕洛夫有幸在職業生涯早期便被其天敵卡爾波夫（Anatoly Karpov）痛宰，後者一度是卡斯帕洛夫取得棋王頭銜的唯一障礙。一九八四年，在兩人史詩般的冠軍系列賽對決前，卡斯帕洛夫的聲勢如日中天；他以大膽、瀟灑的棋風征服棋壇史上許多優異的棋手，彷彿命中注定要登上王者的寶座。在卡斯帕洛夫的心中以及無數棋迷的眼中，他已無人能擋，直到迎戰傳奇對手卡爾波夫。

當時年僅二十一歲的卡斯帕洛夫衝勁十足，他以為自己會像狠虐其他人一樣，把老將卡爾波夫打得服服貼貼。然而，開局以後，卡斯帕洛夫的攻擊彷彿是用赤手空拳在打磚牆，對手顯然毫髮無傷。卡爾波夫是預判危機的高手，他蠶食鯨吞對手的能量，一一擊破卡斯帕洛夫的弱點。

轉眼間，卡爾波夫拿下了九局比賽中的四局，而率先搶下六勝者將登上冠軍寶座，比賽彷彿在暖身階段就宣布結束。

卡斯帕洛夫被突如其來的高牆驚呆了，他意識到必須改變戰術。無奈之下，他決定改打游擊戰以降低風險，並等待最佳一擊。而卡爾波夫繼續堅持零風險的棋路，而非一擊必殺；事後證明，他將付出嚴重代價。

兩名棋手在接下來的十七局中打成平手，比賽因此拖了好幾個月。卡斯帕洛夫在其著作《孤棋致勝》（*How Life Imitates Chess*）中描述道：

我和團隊花了大量時間思考卡爾波夫如何下棋，包括他會採取哪些策略。我不禁感覺自己好像變成了他。

深入研究對手的心理後，卡斯帕洛夫最終獲得回報。雖然他輸掉了第二十七局、陷入危崖邊緣，但年輕力盛的他終於在第三十二局一舉擊敗卡爾波夫。接著經歷戰情膠著的五局平手後，卡斯帕洛夫在第四十七局和第四十八局取得勝利。此時，主辦單位做出一項頗具爭議的決定——保留賽事，並於幾個月後再重啟戰局。

不過，這局面已無關緊要。卡斯帕洛夫對於對手與自身的缺陷已有足夠的了解。重回賽事以後，他拿下了關鍵的首勝，最終也贏得比賽，摘下他的首個世界棋王頭銜。此後的二十多年，卡斯帕洛夫持續稱霸棋壇、坐穩王座。

與家人和解

懂得仔細傾聽他人直接或間接傳達的訊息，才能成就更卓越的自己。我們不僅要追求真理，還要有強烈的好奇心，不時去推敲：

為什麼他人會有這樣的想法？

他們最深刻的願望和欲望是什麼？

對方的言語和細微的行為舉止在表達什麼？

發自內心對他人的觀點感到好奇，世界便將以深刻的方式對你我敞開大門，從而改變生命。

多年來，我始終對於父親的長期缺席耿耿於懷。父母分居後，家中缺少一名要角的感覺很鮮明，那種遺憾在我長大成人後更是格外強烈。我們還是會關心與尊重彼此的生活，但這種痛苦的感覺很難擺脫。所以我經常公開表達對母親和祖母的感謝，有她們的犧牲奉獻，才成就了現在的我。但對於父親的付出，我選擇閉口不談。

某天，我下定決心要與父親當面對質，藉此抒發心裡的負面情緒。沒想到，他也一直感到很受傷，因為我從未承認他對我的成長和成就有任何貢獻。一開始，我以為他只是在辯解，於是開始強烈反擊，但隨著他不斷吐露心聲，我逐漸意識到他確實為家庭付出了大大小小的心力。

雖然我和妹妹沒有辦法每天都見到他，但一到了週末，他一定會帶我們到他家做客，以親近我們同父異母的弟妹。他會為我們烹煮豐盛的飯菜，再配上招牌的香蕉麵包。飯後，全家人會一起打牌和玩桌遊，一連就是好幾個小時。過程中，他會說明一些訣竅和策略，讓我們一次比一次進步。父親的記憶力很好，牌局結束時，他能依據方才的打法說出每人手中各自的牌。他不是出色的棋手，但一直在教我如何像棋手一樣思考。

積極傾聽父親的說法後，我逐漸理解他在我生命中的影響力。他不需要解釋一切，只要我放下成見，以開放和不批判的態度聽他把話說完，我就能理解他的無奈與顧慮。從那天起，我對於父親的看法有所轉變，我們之間的關係變得更加親密。現在，我可以驕傲地說，我以父親為榮。

想從其他角度理解世界，就得先培養一些重要特質。你得有強烈的好奇心，去深入理解你喜歡和不喜歡的人。其次，你得學著勇於認錯。在生活中，我們不容易遇見有這些特質的人，所以更應該努力確保自己是其中之一，而且名列前茅。

大師不藏的奇招

唯有佼佼者才明白，最好的老師正是對手；他們能讓你精心策劃的戰術付諸東流，令你扼腕不已。

第11章

領先一步就好

如果前方的路每步都一清二楚，你便知道那不是你該走的路。

——美國作家坎伯（Joseph Campbell）

不一定要打得好，只要比對手強就夠了。

——德國西洋棋手塔拉什（Siegbert Tarrasch）

有個古老而荒誕的故事是這樣說的：兩名登山客倒霉碰上一隻抓狂的灰熊，其中一人冷靜地踢掉登山鞋並換上跑鞋，另一人見狀難以置信地說：「這雙鞋可幫助不了你逃過灰熊的追殺。」他則回答：「我不需要跑贏灰熊，只要贏過你就行了。」

西洋棋手也會使用類似的競技策略。許多人以為特級大師習慣提前算好後面二十步棋，後來才驚訝地發現多數情況並非如此。擁有「紐約東城西洋棋王子」美稱的詹夫（Charles Jaffe）回答記者提問時說道：「我只提前算好一步棋，但它一定是最好的那一步。」

一九二七年，偉大的西洋棋士明契克（Vera Menchik）也說過：

常有人問我，對弈時會提前算好多少步以後的路數，實話實說，我的回答和捷克斯洛伐克著名棋士雷蒂（Richard Réti）一樣——

一步都沒有。

這個實話應該會令很多人失望，它推翻了一般人的印象，即棋士都具備超強的大腦。我只能說，在現代棋風的薰陶下，棋士都會仰賴戰略性打法（positional play）。換句話說，無論棋局的實際如何發展，棋士都會找出有效的走法。

從「有效的棋步」去思考，下棋才會變得比較輕鬆。在對弈當下，「精算所有可能的走向」是難以實行的天方夜譚，西洋棋本身太複雜了，想要超前部署只是痴人說夢，對於每分鐘能分析數億個局面的電腦來說，也沒那麼容易。

在人類所能理解的範圍內，要簡化思考的流程，最好的辦法是制定出成功率極高的整體戰略。它能保障國王安全無虞，並把其他棋子移動到機動性更高的中央位置，或設法讓強大棋子壓境，並有效阻止對手的威脅。只要你不犯下明顯的錯誤，這些走法肯定能改善局面。

一步一腳印

俄羅斯偉大棋士米凱爾・齊果林（Mikhail Chigorin）說過一句名言：「爛計畫勝過沒計畫。」這種積極主動的心態固然值得稱讚，但是如果過於執著也會陷入危機。再以「在森林裡遇到灰熊」為例，如果你沒有計畫或者決定迎戰灰熊（網路上有一些小狗戰灰熊的影片，但我應該不用去冒這個險），那還不如讓你的朋友先去測試一下，你把跑鞋穿好就可以了。

追蹤獅子的專家雷尼斯・穆朗戈（Renias Mhlongo）說：「我不知道要往哪裡去，但我很清楚如何到達。」這就和西洋棋的戰略不謀而合。事實上，每種活動都存著許多變數，不可能面面俱到。最好的辦法是一步一腳印，每時每刻確認方向，沿著線索往前行。

一九八九年，我與美國西洋棋國家大師夏皮羅（Daniel Shapiro）下了一盤棋。我先圍攻他的國王，以為很快就能結束戰局，沒想到他出乎意料地要犧牲皇后來解圍。我大吃一驚，好不容易回過神後才安慰自己，既然我的局面不錯，那就沒必要驚慌失措。我評估了當前的局勢後，決定不吃掉夏皮羅那不堪一擊的皇后，而是繼續原有的進攻步法。於是他不得不一退再退，不久之後，我大軍壓境、迫使他認輸。

事實上，我只有走對一步棋，但我沒有被他的誘敵戰術騙到，才能贏得這場令人難忘的比賽。

無論是研發新型的手機或汽車，還是參與選舉，領先一步才是關鍵：不管你如何超前部署，計畫永遠趕不上變化。拳王麥克・泰森說過：

每個人都有自己的計畫，直到被揍了一拳。

意思就是要專注在當下，並設法領先對手一步，一步就好。擬定計畫很重要，但也要保持靈活的頭腦，必要時隨機應變，採取完全不同的行動。持續給對方壓力，直到他犯錯。

總之，最聰明的做法就是讓別人試著去跑贏灰熊。

大師不藏的奇招

專注在當下，並設法領先對手一步，一步就好。

第12章

勇於冒險

大多數人的需求勝於少數人的需求。

——史巴克，《星際爭霸戰II：星戰大怒吼》

在某些時刻，若你不曾問自己：「我幹嘛蹚這渾水？」那你就是還不夠認真。

——旅人高羅蘭

犧牲（sacrifice）是人類字典中最深刻的概念。放眼世界各地，超越國家、種族、性別、民族和信仰體系，任何「犧牲小我，完成大我」的想法都會產生超越時空的情感和精神共鳴。在全球各地，犧牲是非常崇高的行為，甚至是神聖的舉動。

犧牲之舉在日常生活並不多見，但在不計其數的棋局中，「棄子」卻是理所當然的做法。許多棋局能取勝都離不開有價值的棄子戰術，包括犧牲低微的小兵或強大的皇后。對於經驗老到、見過大風大浪的棋手老將而言，已看過各種棄子的路數，若有別具一格的棄子戰術，他們就會感到非常驚喜。

奧地利棋手斯皮爾曼（Rudolf Spielmann）在其經典著作《西洋棋的棄子藝術》（*The Art of Sacrifice in Chess*）中寫道：

一盤棋局精妙與否，棄子可說是評價的標準。原則上，比起巧妙的佈局，出人意料的棄子戰術更能贏得讚賞。因為就人類的本能來看，道德是高於科學的判準。世人都尊敬走科學路線的卡帕布蘭卡，但美國棋手保羅·莫非（Paul Morph）的戰法更讓人興奮不已。

棄子是西洋棋藝的一環，棋手得具備敏銳的眼光和技巧，還有大無畏的精神，才能將此技巧發揮得淋漓盡致。

真實和虛假的犧牲

透過「大無畏的精神」和「道德價值」，我們才能區分出犧牲的真實性。斯皮爾曼明確區分了「虛假棄子」（sham sacrifice）和真實的犧牲。虛假棄子是指，棋手在計算了利益得失後的棄子戰術。比方說，如果他預判不出幾步就能格殺對方的國王，肯定樂意捨棄自身皇后。

然而，真實的棄子沒有立竿見影的效果。它也許能帶來更多戰略空間，讓對手暴露出可被攻擊的弱點，或是在關鍵攻擊區佈防更多棋子。在西洋棋中，我們稱這些無形的價值為「補償」。棄子應帶來足夠的補償，棋手在經過上千場對弈後，才能培養敏銳的直覺，用棄子換來足夠的補償。當然，這招不保證勝利能手到擒來，倘若這些無形的優勢沒有被發揮出來，那就是賠了夫人又折兵。

現實生活中有許多真實或虛假棄子的例子。從教育場域來看，申請大學貸款有兩個好處。首先，你能等到未來有收入時再還款；其次，這段時間你能努力爭取更高的學歷以賺回更多錢。當然，雖然有不少人成功拿到學位並還款，但還是有人失敗了，所以不要以為申請學貸就可以放鬆念書。

教育的目標很長遠，需要數年乃至數十年才能看到眼前犧牲的代價。因此，不管對於學生或家長來說，將金錢與心力投資在教育上，得必須保持堅定的信心。

在現實生活中，犧牲並不保證能換回實質的回報。我母親對家庭的奉獻以及所承受的痛苦難以估量。她把我和手足留在家鄉牙買加，隻身前往美國找尋更好的發展機會。當時我年僅兩歲，而她花了十年才取得綠卡，我和弟弟妹妹才得以踏上這片充滿機會的土地。

她無法得知孩子們將如何度過這十年，也不能陪我們克服無數挑戰。在她抵達美國的第一天，民權領袖金恩博士在曼菲斯遇刺，全美各地爆發騷動。母親的夢想之路就在動亂中展開了，雖然她萬分驚嚇，但她很清楚，她沒有時間處理自己的恐懼情緒，家鄉還有三名年幼的孩子以及老母親，一家老小仰賴她繼續前進。十年後，她如願以償，完成多年前設下的目標：接回孩子，一家團圓。

風險評估

母親的犧牲帶來了意想不到的結果。她期待每個孩子都拿到大學學位（我們做到了），但以為我們會從事安穩而有保障的工作。她沒有預料到，我最終會以西洋棋維生；弟弟沉迷於武術，最終成為三屆跆拳道冠軍；而她的寶貝女兒會捨棄商界，站上拳擊擂台拿下六次世界冠軍。她的三個孩子在各自的領域中入選名人堂，真是令人難以置信。為了一個良善的心願，她犧牲自己的人生，也願意忍受極度的痛苦與孤單，而換來的回報遠超出她的想像。

雖然最終有這般神奇的成果，但畢竟不完全符合她的期待，也就是說，在她甘願犧牲奉獻的背後，還得承受未知的風險。

棋手也有一樣的處境：有些風險可經由直覺得知，有些風險是能計算出來的。由於棋局本身的複雜性，所以沒有人敢保證每一步險棋是否會有所回報。棋手只能評估自己是否有足夠的條件去冒險，包括攻勢是否有力、剩下多少棋子、對手的弱點和時間壓力等。統整了以上種種條件後，棋手便能有信心取得正面的結果。

談到風險，每個特級大師處理的方式也天差地遠，這取決於他們的個性、棋風和技巧。法國棋手阿廖欣（Alexander Alekhine）、世界冠軍塔爾和前蘇聯棋手涅澤梅迪諾夫（Rashid Nezhmetdinov）都是活力十足的攻擊型棋手，會毫不猶豫地大膽走險棋。至於卡帕布蘭卡、彼得羅相與菲律賓棋手蘇偉利則相對保守。換句話說，承受風險的能力因人而異。

然而，「富貴險中求」當然有幾分道理。穩健、保守的下法很容易被棋藝高超的對手掌握，而己方的優勢和機會也很快就會被瓦解。因此卡爾森才說：「不肯冒險是極度冒險的策略。」

從容應對風險，就是有勇氣接受不確定性。第九屆世界冠軍彼得羅相睿智地指出，多數人在棄子時會當作喪失兵力，而非犧牲棋子。但是既然要冒險，就得對後果泰然處之，不要以當下的回報來證明自己的決策是否正確。

冒險不等於成功，也不一定非得要成功。只要有理有據，冒險就是正確的決定。因此，要學著相信自己的判斷與決策能力。敢於冒險就是一種令人敬佩的特質。

大師不藏的奇招

不肯冒險是極度冒險的策略。

第13章

專注到比賽結束的那一刻

專注於結果是徒勞，專注於行動才會開花結果。

——美式足球明星邁克·霍金斯（Mike Hawkins）

強大的武者只不過是具有非凡專注力的普通人。

——李小龍

對弈前，你必須做好準備，把它當作生命中最重要的事。可是在對弈當下、在你人生中這個最關鍵的時刻，只要放輕鬆全力以赴就好。

——第十五屆西洋棋世界冠軍阿南德（Viswanathan Anand）

不管哪種事情，只要變得一帆風順，我們自然而然就會放鬆下來。身心的需求獲得滿足後，就可以暫時放下堅毅的心志。人類喜歡為自己創造舒適圈，然後一次又一次回到那個環境。

西洋棋手也一樣，他們經常犯下「自滿之罪」。只要取得優勢、領先對手，「懶散大腦」便會自動上線，告訴我們危機解除，不再需要全力以赴。然而我們忘記了，對手的內心世界正好相反！

此時此刻，他們聽見的是死神的敲門聲，求生的渴望在他們的血液裡流淌，不到最後一刻，絕不投降。美國西洋棋大師納諾帝斯基(Daniel Naroditsky) 說：

重要的是，你得時時提醒自己，對手窮途末路的時候，一定會竭盡全力誘騙你、拉長比賽時間，或趁你疲勞時猛然反咬一口。

決勝一瞬間

多年前，我曾與一位排名居後的棋手對弈。開局沒多久，我便出現失誤，並被對手找到機會猛攻。我落後兩枚小兵，陷入希望渺茫的殘局，幾乎沒有扳回一城的可能。對手雙眼閃閃發光，彷彿踏進糖果店的孩子，畢竟對於任何棋手來說，擊敗特級大師是夢寐以求的成就。

所幸我在緊要關頭找到機會，趁對手想要喘口氣的時候設下陷阱。我仔細研究局面，發現有反敗為勝的契機，只是這步棋要奏效的機率很低，一旦對手稍加注意，就能馬上破解。

因此我開始演戲，彷彿影帝丹佐．華盛頓上身，先是深深嘆一口氣，接著漫不經心走了一步，再用一種近乎絕望的眼神看向遠方。我的反應看在對手眼裡有如即將坐上電椅的囚犯，他興高采烈走完所有能迫使我認輸的棋步。在他看來，勝負已分，既不必咬緊牙關保持全神貫注，也不用瞻前顧後怕落入陷阱。他走了最關鍵的一步後，我馬上犧牲一枚城堡將他逼入僵局。這時他才恍然大悟自己上當了。西洋棋戰場就是這麼殘酷，總會帶來令人痛苦的教訓。

對手的行為只是出於省力原則而已。簡單來說，對於人和大部分的動物來說，基本上都會採取費力最少的途徑來完成特定任務。大腦和身體會自然節省能量，只要判定當下的情況和既定目標不需要全力拚搏，它們就會關閉緊急應變機制，把寶貴的資源留到未來。舉例來說，如果沒有時間壓力、沒有特定目的，我們會慢慢走到目的地，不會一路快走狂飆。

菁英運動員也會善用省力原則，哪怕是身處於競爭激烈的賽場。只要目標就在眼前、勝利確定手到擒來時，他們全力以赴的欲望便會降低，這也就所謂的「穩定領先中」。

體壇上最著名的例子發生在二〇〇八年北京奧運。在田徑項目一百公尺決賽中，牙買加選手「閃電」博爾特一路領先對手，金牌看來穩穩到手。他以既定的速度衝破終點線，不出意料地奪下金牌。可是根據專家計算，假如博爾特再奮力一搏，很可能以九秒五五的成績完賽，達成今日無人能破的世界紀錄。

不斷給對手壓力

在一切順風順水時，要如何克制放鬆的欲望？這並不容易，大腦無時無刻都在尋找讓生活變輕鬆的方法，只要找到入口，必定會在第一時間走向休息區。換句話說，我們就是自身最大的敵人。

雖然有這層認知未必能解決問題，不過現下還是有許多自我提醒的方法。首先是建立堅定的心態，只要一開賽，就得無時無刻保持專注。在長時間對弈中，我會不斷提醒自己要保持最佳狀態。不管是運動競技、演奏音樂或進行商務談判，都要保持這種心態。

當然在一般的休閒活動中，比如和孩子一起玩、躺在沙灘做日光浴或跳騷莎舞，就不用這麼認真了；高度專注要看時間和場合。

其次，監督自己的自滿狀態。不過單憑一己之力很難做到這點，所以在你自信爆棚時，身邊有非常了解你的人適時發出提醒，就再好不過了。正如在球賽中，教練若發現球員太懶散時，會趕緊叫暫停，並提醒對方要打起精神，重新點燃全力以赴的鬥志。

轉移奮鬥的目標也很管用。假如球隊上半場結束已取得領先，那麼下半場的目標便是拉大差距、創造紀錄。在總教練史帝夫·柯爾的帶領下，金州勇士的看家本領是在第三節一開始就發動嗜血的超強攻勢，讓對手自亂陣腳。他們不會安於現狀，即使比賽還有一整個半場要打，也會繼續緊迫盯人並隨時發動快攻，彷彿處於決勝關鍵的一刻。在他們精心策劃的攻勢下，對手無不感到絕望而無力。憑著這套戰略，勇士隊在八年內四次榮登NBA的冠軍寶座。

最重要的是，在全神貫注之餘，還是要適時放鬆，否則過分緊繃所造成的反效果，跟注意力不集中是一樣的。深呼吸和冥想有助於讓頭腦冷靜下來，而且專注力不會跟著下降。攝取足夠水分、適時地喘口氣非常有效。在腦袋運轉已達臨界點時，要設法調節神經系統，才能保留精力。

一旦注意力不集中，哪怕僅僅是一瞬間，也可能會失去得來不易的成果。禪宗有句諺語：「走路時，走路。吃飯時，吃飯。」身處過度分心的現代，沒有什麼比這更簡單，也沒有什麼比這更困難了。

大師不藏的奇招

建立堅定的心態，只要一開賽，就得無時無刻保持專注。

第14章

未來的預想圖

一瞥見世界無限可能的樣貌，你便不可能再自滿於現狀。

——佚名

戰略家會從遙遠的未來目標起步，再回推到此時此刻。

——前西洋棋世界冠軍卡斯帕洛夫

未來不再是過去的樣子。——大聯盟傳奇教練尤吉・貝拉（Yogi Berra）

美國天文學家薩根（Carl Sagan）說過一句名言：「了解過去才能理解現在。」薩根說得固然沒錯，但是解讀歷史還有一種截然不同的方式，我個人最愛的說法出自數學家斯穆里安（Raymond Smullyan）。他的《看福爾摩斯拆解西洋棋之謎》（*The Chess Mysteries of Sherlock Holmes*）是我讀過最有意思的書籍。他在書中寫道：「要想理解過去，必須先洞悉未來。」這句話需要多讀幾遍才能懂。

那本書專門探討一些非比尋常的西洋棋之謎，而謎底往往藏身於逆向分析與思考中。一般來說，要解開棋題是從既定的局面尋找最佳解法，而逆向棋題則是不斷回推：「如何才會走到現在的位置？」答案就在棋局本身。

解題者必須像偵探一樣面對懸案，並一步步回推案發過程，而各個棋子的位置就像現場的證據，唯有透過鑑識分析，才能看出之前的走位過程。

最有意思的逆向棋題還得先預測未來才能揪出謎底。比方說：這盤局有贏家嗎？最終會留下殘局嗎？小兵走到對面最後一行後，能具有皇后的威力嗎？解謎者必須從未來尋找答案，因為無論過去或現在的局面都不足以成為解謎的情報。

在未來尋找過去的答案

在棋盤上從未來回推過去，是非常有趣的腦力活動，但不妨思考一下，在現實生活中，是否也得預測未來才能理解過去？這樣的情況不勝枚舉，懷孕就是最明顯的例子。以目前的醫學檢測技術來看，女性在結束性行為後的幾分鐘內，並無法得知自己是否懷孕了。

女性體內有一種特殊的荷爾蒙叫做「絨毛膜促性腺激素」，它從受孕的那一刻起便開始生長。但是這種化學物質需要在體內聚積至少十天的時間才能被檢測到，因此初期的孕檢常會呈現為陰性。而隨著時間推移，受孕女性的體內會繼續產生更多絨毛膜促性腺激素，直到驗孕棒測出懷孕的跡象。在這種情況下，除非未來的跡象完全顯現，否則我們無法精確判定過去作為的結果。

天文學家也是基於未來的跡象來判斷過去的狀態。夜空閃爍著數百萬甚至數十億年前的光。一顆恆星在遙遠的過去爆炸了，直到它的光在未來的某個時間抵達儀器可測得的範圍，天文學家才能掌握它的狀態。如果太陽在這一秒鐘爆炸了，我們在八分二十秒後才能得知這起宇宙級的災難。也許某天，人類會收到外星種族在很久以前發出的訊息——屆時人類的未來將與外星人的歷史互相碰撞，從而揭開我們在宇宙中是否孤獨的謎團。

我在上一章寫到，母親在我還小的時候做了一個非同尋常的決定，把我和手足留在牙買加，交給外婆照顧，隻身前往美國追求更好的發展機會。兩歲時，我還不明白她在做什麼，也不知道她每年返鄉探望我們的時間只有兩週。隨著年紀漸漸增長，我開始埋怨她的離去，儘管我知道，這些抉擇都是為了取得美國公民身分，再把我們接過去。十年後，當我們一家團聚時，我以為自己已經原諒母親，但事實是我做不到。

十七年後，我已然是二十九歲的男人，有了一歲的寶貝女兒妮亞。可是，壓抑已久的痛苦卻浮上心頭。我清楚記得那天午後，一個驚人的念頭突如其來籠罩了我——我絕不可能把無助的幼女交給別人照顧，幾天都不行，更別提十年了。

每當我在考試中拿了第一名，或是被祖母以嚴厲的方式管教，又或者孤單難過到需要一個擁抱時，我總會深刻體驗到母親缺席所帶來的空洞感。這種被遺棄的痛苦記憶是如此令人煎熬，以至於我不得不打電話給母親，問她為什麼那麼絕情，行李收一收就拋棄家人——離開我們、離開我。

電話那頭一開始是長時間的沉默。接著，她深深嘆了一口氣，然後說她當然不想離開我們，這是她做過最艱難的決定。她解釋說，我們在牙買加的生活非常貧困，到美國尋求生計是不得不拉的救命索。她離開不是因為不愛我們，而是因為太愛了。聽她一字一句娓娓道來，我們兩人都淚流滿面。我終於意識到這個決定有多麼困難，她不得不放棄陪伴我們成長的時光，錯過了孩子學說話、識字、認識同學、上場打球並漸漸成熟的日子。

多年來，我飽受被拋棄的痛苦，卻從未想過母親所遭受的折磨。

在為人父母以前，我無法真的理解她的犧牲有多麼大，也不能感受到這對她來說有多麼艱難。要理解我和我母親痛苦的過去，我得前往遙遠的未來，有了自己的孩子，才能對將近二十五年前的一個決定感同身受。

想像未來

在生活中，我常常使用逆向分析。十八歲左右，兩本書改變了我的一生。第一本是美國作家達夫帝（William Dufty）的《蜜糖藍調》（*Sugar Blues*），書中詳細描述，含有過多砂糖和加工過度的精製食品對身體的危害很大。讀完這本書後，我當即戒掉汽水、冰淇淋和糖果，只吃自然食品和瘦肉。第二本書是美國記者希伊（Gail Sheehy）寫的《人生歷程》（*Passages*），書中談到，人一輩子可預見幾個關鍵點：從二十多歲的青年期、五十多歲的壯年期甚至更久以後。這本書是一張未來的路線圖，詳細列舉年齡增長對生活產生的影響。

這兩本書把我嚇壞了。不過，我還是心存感激，因為它們讓我思考到，隨著年紀漸長，我希望擁有怎樣的生活品質，以及如何在年輕力壯時有效實現目標。換句話說，這兩本書教會我逆向生活。

視覺化是逆向思考的主要技巧之一，也就是在腦海中描繪一幅生動的未來圖像，從而調整自己當下的行為。在奧斯卡影帝威爾．史密斯的第一堂西洋棋課上，我傳授他這個方法。我告訴他，在腦海中把棋子放在想放的地方，而不是看起來能走的地方，「不要一開始就告訴自己不可能」。讓你的思緒完全進入不可能實現的夢想，去想像它們可以如何展開。

許多名人都會使用強大的視覺化方法。美國名主持人歐普拉曾夢想在電影《紫色姐妹花》(*The Color Purple*)中扮演索菲亞，她花了幾個月時間想像自己是一名演員，並告訴任何願意聽她說話的人，一定會設法參與這部電影的拍攝。最終她夢想成真了。

喜劇演員金凱瑞在身無分文之際，想像自己簽了一張一千萬美元支票，兌現日期是五年後。而就在這張幻想支票到期前不久，他以一千萬美元片酬拿下熱門電影《阿呆與阿瓜》的主角！動作巨星阿諾史瓦辛格曾說過：「發揮想像力，不斷模擬你想達成的目標，然後活得像它已經實現一樣。」

致勝心態

雖然人類無法準確預測未來，但我們還是能依此來改變當下的作為。讀者會很好奇，如何利用這套心法來幫助現在的自己呢？這看起來很難，甚至像是不可能的任務，但其實很簡單，關鍵就是「心態」。

記住，重點不在於如何用未來可能發生的事情去調整你當前的行為。你要改變的是心態。你大膽預測了未來的關鍵事件以及你將成為的人，那要如何證明它們會實現？就是現在的你！現在的你就是從過去演進而來，所以「現在就是過去的未來」。

有很多方法能讓你的心智做好準備，以獲得未來的線索。時常檢視自己的執念如何隨時間改變，並回溯生活中的困境，並探索箇中啟示。另外，不時預測近期和遠期即將發生的重大事件，並想像如果在此時此刻發生的話，自己會有怎樣的感受。從過去的經驗來預測未來，就更能掌握前進的方向。

當然，借助他人的經歷也一樣有效。棋手會研究前輩與大師的經典對局來了解自己的程度。研究歷久彌新的經典著作也是獲得未來智慧的可靠途徑。這些書籍雖然內容有些過時，但其文化影響力依然很深遠，持續在你我的思想和行動中發酵。無論時間過去多久，這些曠世巨作依然矗立，讓我們更加了解人類的行為和心理。

我們也可從長輩的身上汲取智慧和經驗。無論是父母、叔叔、阿姨、老師或親朋好友，他們大都經歷過我們將要踏足的未來，對於生命中舉足輕重的問題，已然有了彌足珍貴的見識。

大師不藏的奇招

發揮想像力，不斷模擬你想達成的目標，然後活得像它已經實現一樣。

第15章

盡其所能，順其自然

比起你最終得到了什麼，更重要的是，在追尋目標的過程中，你成為什麼樣的人。

——美國演說家金克拉

若你有機會遇到勝利與失敗，那最好把它們當成騙子。

——英國作家吉卜林（Rudyard Kipling）

我輸最慘的一次是一九九八年的百慕達國際西洋棋賽（Bermuda International），而我對上的是德國特級大師貝佐德（Michael Bezold）。當時，只要贏下那場比賽，我就能獲得足夠積分奪下特級大師頭銜。

在膠著的棋局中，我面臨重大的抉擇：一是用主教拿下城堡，二是在棋盤中間吃掉對手的兵。礙於時間壓力，我選擇拿下城堡，結果我丟失優勢，給了對手絕佳的進攻機會。沒多久，我又犯了一個關鍵失誤，最終吞敗。我徹底喪失了鬥志，夢寐以求的特級大師頭銜在咫尺間化為烏有。

比賽結束後，一直在遠處觀戰的特級大師沙巴洛夫（Alexander Shabalov）走近我，與我討論貪婪吃下對手城堡的那一刻。沙巴洛夫安慰我說，拿下一枚弱小但重要的兵才是最好的選擇。然後他說了一句令我永生難忘的話：「要成為特級大師，你必須先是特級大師。」

沙巴洛夫說，我太想獲得頭銜和積分，一心只想更快抵達目的地，才會錯過了對弈中的關鍵部分。我突然明白，自己應該努力保持順其自然的心態，把重心放在學習和練習上，並且勇敢踏入競技的叢林，盡可能取得好成績。我不必緊盯排名來證明自己，也不需要讓自我懷疑影響表現。我只需要每天做好本分、保持真誠，其他就順其自然吧！比賽結果只是反映了我努力的成果。我無需擔心積分是否能達到大師的等級，只要付出跟大師一樣的努力就好了。

邁向特級大師之路

在接下來的一年，我全心全意投入西洋棋，下棋成了我生活的全部。我每天練習八到十個小時，不僅研究各種棋局的細微差別，也研究心理戰術。此外，我還練習了合氣道及武術，學著以冷靜的頭腦來面對攻擊。我練習冥想，學習控制浮躁的念頭。

為了獲得精神上的啟發，我閱讀大聯盟傳奇傑基·羅賓遜（Jackie Robinson）和網球名將亞瑟·艾許（Arthur Ashe）等非裔美國運動員的著作，還研讀靈性導師狄帕克·喬普拉（Deepak Chopra）的《人生成敗的靈性七法》（*Seven Spiritual Laws of Success*），以及傑克·坎菲爾（Jack Canfield）與馬克·漢森（Mark Hansen）的《心靈雞湯》系列叢書。一開始，我只想努力成為更好的棋手，但在過程中慢慢成長為更好的自己。

下一個我能取得特級大師頭銜的賽事，是在紐約的曼哈頓西洋棋俱樂部（Manhattan Chess Club）國際賽。我在首輪跟對手打成平手，第二輪慘敗，而且當天還是我的生日。一夕之間，我取得積分的機率變得微乎其微，因為我必須在嚴峻的對弈中取得連勝。

當晚我和好友約翰遜（Willie Johnson）一同仔細檢討了我的表現。之後，我成功扭轉劣勢，在接下來的五場比賽中取得四點五的積分；只差一點五分就能達到門檻，摘下特級大師頭銜。如果我下一局勝利，前面的失敗也就無所謂了。

第八輪比賽當天下午，我緊張得要命。此前已承受莫大的壓力，現在更是喘到快吸不到空氣，畢竟兒時的夢想和歷史的里程碑近在咫尺。賽前燙襯衫時，我心頭浮起了已故祖母常掛在嘴邊的一句話：「樣樣通，樣樣鬆。」在我小的時候，她常常用這句話來責備我，說我興趣愛好繁多，像蜜蜂一樣，從一個花叢飛到另一個，沒有固定的目標和方向。成年後，我常在關鍵時刻對自己說這句話，它彷彿是某種負擔或詛咒，會阻止我實現目標。

然而，當我拿著熨斗時，突然意識到，祖母說這些話是出於愛，她在向我傳授一個道理——唯有秉持目標、專注和決心，才能有所成就。這份領悟讓我瞬間愣住，於是我放下熨斗、嚎啕大哭。多年來的內疚和自責湧上心頭，我放下了對祖母的憤怒與誤解；原來她只是想運用自己已了解的道理，盡可能地好好教育我。

我花了一些時間才振作起來。重回賽場時，我依然感到徬徨不安。但在第十四步的某個時刻，我忽然感到無比平靜。我清楚而自信地看到，就算這盤棋或下一盤棋輸了，我還是會在往後的比賽中成為特級大師。放下了對頭銜的迫切渴望後，我馬上感覺到一股能量：只要掌握眼前的局面，自由發揮就好。

幾步棋後，我再次面臨抉擇：是否拿下對手的一隻小兵？這次的做法與對貝佐德的那場截然不同。我沒有緊緊抓住棋子不放，而是犧牲了一隻兵，並繼續運用其他棋子的活動力。當我的攻擊軍力開始在對手地盤徘徊時，對方就犯下嚴重的失誤了。我頓了一下，微笑地下了致勝棋。

老天爺似乎跟我開了一個玩笑：這步殺手鐧非常簡單，即使是業餘棋手也知道要用這招。那一刻我意識到，我即將以初學者的伎倆拿下棋壇最高榮譽。

大師不藏的奇招

無需擔心積分是否能達到大師的等級，只要付出跟大師一樣的努力就好了。

第16章

創意無限的遊戲

西洋棋是心智的健身房。

——《西洋棋理論》作者彼得・普拉特（Peter Pratt）

不要讓孩子從你的成功中獲益，而是給予他們創造成功的養分。

——奈及利亞牧師阿德法拉辛（Paul Adefarasin）

我在棋盤上學到的道理遠超過本書的內容：在龐大壓力下保持冷靜、化解對手的攻勢並加以反擊、休養生息的必要性、循序漸進地挑戰自己的偏見……諸多啟發不勝枚舉。

然而，我所學到最重要的一課，應該是謙遜。哪怕是棋藝出神入化的頂尖棋手，也會解不開棋盤上錯綜複雜的謎中之謎。西洋棋問世後的一千五百多年來，還是沒有人能找出百分之百的致勝方法。值得慶幸的是，正因西洋棋深不可測，才會如此引人入勝。我們喜歡下棋，是因爲大腦喜歡接受挑戰，過程中充滿許多樂趣，也讓我們學到許多思考的技巧。

我個人衷心希望，大家在讀完這本書之後，會情不自禁地擺好棋盤開始下棋。無論你是初學者或老手，都能在棋盤上獲得深刻的啟示。即使你這輩子都不會想下棋，我也希望本書的內容對你有所助益，它們都是我數十年來鑽研棋藝的經驗談。美國開國元勳暨偉大的發明家班傑明・富蘭克林說得好：

西洋棋不僅僅是消遣，也有利於培養和加強思考能力，它不但對日常生活有益，若能養成習慣，也能應用在各種領域中。

西洋棋盤上的六十四個小方格和三十二枚黑白棋子，為數百萬人帶來不計其數的神奇冒險。無論最終勝負如何，每次開局你都會踏入一個神奇的新世界，並迫不及待地要前往探索。戰鬥不會結束，即使傳來「將死」的噩耗，你永遠能重啟戰局，再一次全力以赴擊敗對手。

大師不藏的奇招

棋盤上最重要的一課，就是謙遜。

致謝

感謝生命中各路人馬的大力支持，這本書才能順利誕生。

特別感謝親愛的朋友Anna Andrzejewska，她不厭其煩地反覆閱讀手稿，並耐心協助我完成其他計畫。我再也找不到比她更好的朋友了。

另外特別感謝Sabina Foisor適時地加入團隊，在我全神貫注衝向終點線的同時，讓其他計畫能按部就班進行。

感謝Chronicle出版社的每一位同仁，尤其是我的編輯Allison Adler，她的耐心超過我所遇過的任何人。感謝你們讓我發掘屬於自己的道路。

感謝我的母親、父親，以及我了不起的兄弟姊妹Devon、Sherill、Frank Jr.和Alicia。我出生在這麼有才華的家庭，就像中了樂透一樣。

謝謝St. Louis Chess Club的好朋友們，你們幫我再創事業高峰，讓我達成更多成就。Rex和Jeannie，你們的慷慨將會為世界棋壇留下不可磨滅的印記。

作者簡介

莫里斯・艾胥利（Maurice Ashley）

第一位非裔美籍的西洋棋特級大師，還是三屆美國冠軍教練、作家、評論員和演說家。

1999年獲得特級大師的頭銜。

2016年入選美國西洋棋名人堂。現居住於佛羅里達。

人生顧問 543

敗中求勝：西洋棋特級大師的人生逆思考

MOVE BY MOVE: LIFE LESSONS ON AND OFF THE CHESSBOARD

作者——莫里斯．艾胥利（Maurice Ashley）
譯者——盧思綸
責任編輯——許越智
責任企畫——張瑋之
封面設計——陳文德
內文排版——張瑜卿
總編輯——胡金倫
董事長——趙政岷
出版者——時報文化出版企業股份有限公司
一〇八〇一九臺北市和平西路三段二四〇號一至七樓
發行專線／（〇二）二三〇六—六八四二
讀者服務專線／〇八〇〇—二三一—七〇五、（〇二）二三〇四—七一〇三
讀者服務傳真／（〇二）二三〇四—六八五八
郵撥／一九三四—四七二四時報文化出版公司
信箱／一〇八九九臺北華江橋郵局第九九信箱
時報悅讀網——www.readingtimes.com.tw
法律顧問——理律法律事務所　陳長文律師、李念祖律師
印刷——勁達印刷有限公司
初版一刷——二〇二四年十一月二十二日
定價——新台幣三〇〇元

時報文化出版公司成立於一九七五年，並於一九九九年股票上櫃公開發行，於二〇〇八年脫離中時集團非屬旺中，以「尊重智慧與創意的文化事業」為信念。

敗中求勝：西洋棋特級大師的人生逆思考／莫里斯．艾胥利（Maurice Ashley）著／盧思綸譯 --- 初版 --- 臺北市：時報文化出版企業股份有限公司，2024.11
面；12.8×18.8公分. ---（人生顧問543）
譯自：MOVE BY MOVE: LIFE LESSONS ON AND OFF THE CHESSBOARD
ISBN 978-626-396-935-3（平裝）
1.CST: 艾胥利（Ashley, Maurice） 2.CST: 思考 3.CST: 思維方法 4.CST: 西洋棋
176.4　113015984

MOVE BY MOVE: LIFE LESSONS ON AND OFF THE CHESSBOARD
By Maurice Ashley

First published in English by Chronicle Prism, an imprint of Chronicle Books LLC, San Francisco, California.
This edition arranged with Chronicle Books LLC
through BIG APPLE AGENCY, INC. LABUAN, MALAYSIA

ISBN 978-626-396-935-3　Printed in Taiwan